100
idées créatives
pour Noël

Sommaire

Joyeux rouges-gorges

1. Trempe un doigt dans de la peinture marron et appuie à divers endroits sur un morceau de papier.

2. Pour le ventre, trempe un doigt dans de la peinture rouge et fais une empreinte sur chaque forme marron.

3. Lave-toi les mains. Ensuite, trempe ton petit doigt dans de la peinture blanche et presse légèrement sur chaque ventre rouge.

4. Trempe la tranche d'un morceau de carton dans la peinture marron et fais deux traits pour la queue, comme ci-dessus.

5. Laisse la peinture sécher, puis dessine un bec et des yeux sur chaque rouge-gorge avec un feutre noir.

6. Dessine également deux ailes et des pattes. Ajoute des traits au bout des pattes pour les pieds.

Chaussettes de Noël

1. Sur une feuille de papier blanc, avec des peintures de plusieurs couleurs, peins des bandes, plus ou moins larges, de haut en bas.

2. Laisse la peinture sécher, puis, avec des feutres, trace des cercles, des rayures et divers motifs sur les bandes les plus larges.

3. Dessine une chaussette sur le papier. Découpe-la et reporte-la sur du papier uni dans lequel tu découpes le talon, le bout de pied et le revers. Colle-les sur la chaussette bariolée.

Flocons de neige en mosaïque

1. Dans du papier épais blanc, découpe plusieurs petits rectangles. Peins-les chacun d'un bleu différent à la peinture ou à l'encre. Laisse sécher.

2. Prends un rectangle et découpe-le en dix triangles longs et fins. Puis colle-les en cercle sur du papier épais blanc, comme ici.

3. Dans un autre rectangle peint, découpe dix petits triangles et colle-les autour du cercle. Puis découpe cinq petits rectangles.

4. Colle ces derniers dans l'espace laissé tous les deux petits triangles. Ensuite, colle trois triangles fins entre chacun des rectangles.

5. Découpe d'autres petits triangles et colle-les en forme d'étoile au bout de ces triangles fins. Les extrémités doivent toucher le triangle du milieu.

6. Pour terminer la mosaïque, découpe des triangles longs et minces et colle-les au bout de chaque rectangle, comme sur l'illustration.

Farandole d'anges

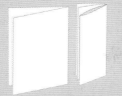

Le petit cercle touche le bas du grand.

1. Plie un morceau de papier blanc en deux dans le sens de la largeur. Plie une seconde fois.

2. Trace un cercle qui touche presque le bord du papier et fais un cercle plus petit à l'intérieur.

3. Dessine un long triangle en guise de robe. Ajoute deux pieds au bas.

4. Dessine de grandes manches. Laisse de la place au bord du papier pour faire les mains.

5. Avec une paire de ciseaux, découpe l'ange. Attention, ne coupe pas au niveau des mains !

6. Ouvre la guirlande ainsi formée. Dessine les visages – fais-les tous différents, et les cheveux.

7. Dessine des motifs sur les robes et trace des auréoles. Agrémente à ta guise de paillettes.

8. Décore également l'envers de la guirlande – dessine l'arrière des cheveux, et des ailes.

9. Fais d'autres guirlandes et joins-les bout à bout par les mains libres avec de l'adhésif.

Carte bonhomme de neige

1. Découpe un rectangle dans du papier cartonné bleu. Découpe un autre rectangle identique dans du blanc. Plie-les en deux.

2. Déplie le rectangle bleu. En bas, en guise de neige, dessine une ligne qui ondule, et le contour d'un bonhomme de neige qui dépasse.

Ce morceau est inutile.

3. Avec une paire de ciseaux, découpe la ligne de la neige, le contour du bonhomme de neige, puis de nouveau la neige.

4. Étale de la colle sur la moitié supérieure de la carte bleue. Applique une moitié de la carte blanche dessus, en alignant bien les bords.

5. Étale de la colle sur l'autre moitié de la carte bleue, autour de la forme du bonhomme de neige. Puis ferme la carte, en appuyant bien dessus.

6. Au feutre noir, dessine des yeux et une bouche. Dans du papier, découpe un chapeau, un nez et des boutons. Colle-les sur la carte.

Lutins affairés

1. Avec un crayon à papier, trace sans appuyer un ovale pour la tête. Fais aussi une oreille pointue et deux petits traits en guise de cou.

2. Trace un corps en forme de goutte d'eau. Ajoute bras et jambes, avec de minuscules pieds, puis un chapeau pointu, une collerette et une jupe.

3. Mélange de l'eau et de la peinture rouge et peins corps, bras et chapeau. Ou prends des feutres. En vert, colorie la jupe, les jambes et la collerette.

4. Peins le visage et les mains avec du rose, ou utilise un feutre. Dessine un pompon en haut du chapeau et des cheveux. Peins-les aussi.

5. Quand c'est sec, fais des joues roses avec de la peinture ou au feutre. Dessine un cadeau dans la main du lutin. Ajoute des rubans et un gros nœud.

6. Avec un feutre fin marron, repasse sur tous les traits au crayon. Ajoute des traits dans les cheveux et sur la jupe, et dessine une ceinture.

Truffes boules de neige

Pour faire environ 15 truffes, tu as besoin de :

- 175 g de pépites de chocolat blanc
- 25 g, soit 2 cuillerées à soupe, de beurre doux
- 50 g de biscuits boudoirs ou 15 gaufrettes à la vanille
- 4 cuillerées à soupe de noix de coco râpée ou en poudre
- des caissettes en papier de la taille des truffes

Tourne jusqu'à ce que tout soit bien fondu.

1. Remplis le quart d'une grande casserole avec de l'eau. Mets sur le feu et fais bouillir. Puis retire la casserole du feu.

2. Verse pépites de chocolat et beurre dans un bol résistant à la chaleur. Enfile des gants de cuisine et mets le bol dans la casserole avec précaution.

3. Au bout de deux minutes, mélange le chocolat et le beurre. Quand c'est fondu, enfile des gants de cuisine pour sortir le bol.

4. Émiette les biscuits ou les gaufrettes et verse-les dans le mélange au chocolat. Avec une cuillère en bois, mélange bien le tout.

5. Étale la noix de coco dans une assiette. Avec une cuillère à café, prends un peu de mélange et enrobe-le de noix de coco.

6. Roule à la main pour obtenir une boule. Mets-la dans une caissette. Fais d'autres truffes et laisse-les reposer une heure au réfrigérateur.

Boîtes pailletées

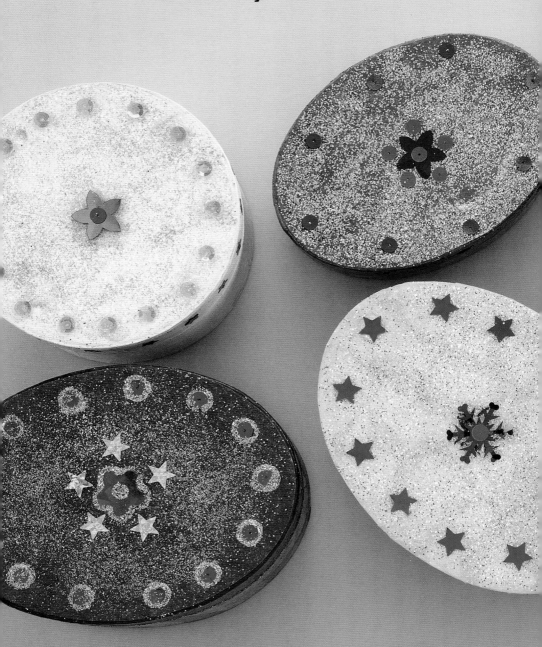

1. Déchire du papier de soie en morceaux. Avec un pinceau, enduis-les de colle blanche, puis applique-les sur une boîte et son couvercle, en appuyant.

2. Passe de la colle sur le dessus et les côtés du couvercle, puis saupoudre de paillettes. Laisse bien sécher.

3. Quand c'est sec, colle des sequins sur le pourtour du couvercle, ainsi qu'au milieu. Laisse sécher.

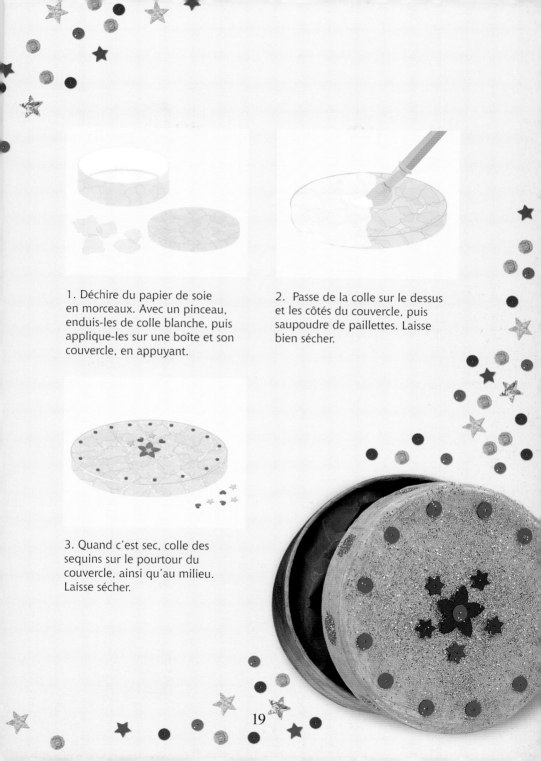

Paysage d'hiver

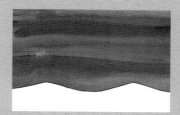

1. Au crayon à papier, et en appuyant légèrement, trace une ligne ondulée sur une grande feuille de papier épais blanc. C'est la limite du sol enneigé.

2. Sers-toi d'un pinceau épais imprégné d'une peinture délavée bleu ou violette et colorie le ciel au-dessus de la neige. Laisse sécher.

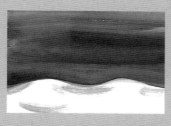

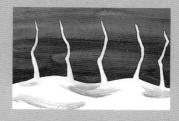

3. Pour les ombres sur la neige, trempe un pinceau sec dans de la peinture délavée bleue, que tu appliques en quelques traits onduleux et épais.

4. Quand c'est sec, avec de la peinture blanche épaisse, dessine plusieurs troncs d'arbres tordus se détachant sur le ciel.

5. Trace quelques branches qui sortent des troncs puis, avec la pointe d'un pinceau fin, ajoute une multitude de rameaux.

6. Avec la pointe du pinceau, parsème le ciel, entre les arbres, de petits points – les flocons de neige. Ajoute un croissant de lune en haut.

Carte avec couronnes

1. Pour les papiers texturés des couronnes, peins des morceaux de papier ou de carton. Quand c'est sec, applique une autre teinte.

2. Pour une couronne pointue, découpe un rectangle dans du papier texturé. Ôte deux triangles pointus en haut.

3. Découpe une large bande rouge dans du papier cadeau, brillant ou texturé, et colle-la au bas de la couronne.

Colle à la verticale.

4. Découpe une bande de papier doré, que tu colles sur les pointes. Retire le papier entre les pointes et à chaque bout.

5. Découpe de minces bandes de papier doré et colle-les sur le papier rouge. Puis colle une bande orange en bas.

6. Pour une couronne arrondie, recopie le dessin ci-dessus sur du papier texturé ou brillant, puis découpe-le.

7. Colle une bande de papier en travers du bas et ajoute des petites bandes verticales. Puis coupe trois triangles effilés. Colle-les.

8. Découpe une forme ronde dans du papier et colle-la en haut de la couronne. Avec le doigt, peins un joyau au milieu.

9. Crée d'autres couronnes à partir des papiers. Colle-les sur un bout de carton ou de papier épais plié en deux. Voilà ta carte !

Anges étincelants

Si possible, utilise un cure-pipe doré.

Ramène les petits côtés du papier l'un sur l'autre.

1. Coupe un cure-pipe en deux. Prends une perle en guise de tête et enfile-la sur un des cure-pipes, à environ un quart du bout.

2. Arrondis le haut du cure-pipe en forme d'auréole et enfonce le bout libre dans le trou de la perle.

3. Pour la robe, coupe une bande de papier de soie ou crépon de 30 cm de long et 6 cm de large. Plie en deux dans la largeur.

4. Fronce le papier en haut et enveloppe le cure-pipe, sous la perle, en serrant fort. Tiens-le en place.

5. Enroule à plusieurs reprises un fil fin autour du papier, en haut, et noue en serrant bien, pour maintenir la robe.

6. Pour les ailes, coupe deux morceaux d'adhésif et passe le côté collant dans des paillettes. Ôte un bout, comme ceci.

Utilise autant d'épingles que nécessaire.

7. Pose les ailes, côté pailleté dessous. Replie les deux coins du bord rectiligne de chacune pour obtenir une pointe.

8. Superpose les deux pointes dans le dos de l'ange et épingle-les sur la robe. Fais bien attention de ne pas te piquer.

9. Enroule le bout du cure-pipe qui dépasse de la robe et noue un fil à l'auréole pour suspendre ton ange.

Décoration flocon de neige

1. Pose une tasse sur une feuille de papier blanc et trace son contour deux fois. Répète avec du papier rouge. Découpe les quatre cercles obtenus.

2. Dans du carton, découpe une bande de la largeur d'un cercle et deux bandes plus étroites et plus courtes.

3. Verse des peintures rouge et blanche dans une vieille assiette. Enduis de blanc la tranche de la bande la plus longue.

4. Appuie une fois en travers d'un des cercles rouges, puis deux autres fois, comme ici. À chaque fois, trempe le carton dans la peinture.

5. Avec les bandes de carton plus petites, trace des lignes plus courtes. Imprime un flocon sur l'autre cercle rouge.

Utilise les autres bords des cartons pour le rouge.

6. De même, imprime sur les cercles blancs des flocons de neige rouges. Attends que la peinture soit bien sèche.

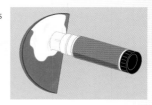

7. Plie chaque cercle en deux en suivant une des longues lignes. Ensuite, encolle une des moitiés de l'un des cercles rouges.

8. Appuie une moitié d'un cercle blanc sur la colle, en faisant correspondre les bords et les pliures. Puis encolle son autre moitié.

9. Colle l'autre cercle rouge, en faisant correspondre bords et pliures. Avec de l'adhésif, fixe une boucle de fil à l'intérieur.

10. Encolle une moitié d'un des cercles rouges et pose dessus le cercle blanc restant. Colle ensuite les deux moitiés de cercle restantes.

27

Manchots sur la glace

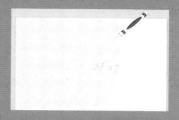

La peinture va s'infiltrer dans les plis.

1. Passe un pastel à la cire blanc, ou une bougie blanche, sur une feuille de papier blanc. Puis chiffonne le papier en une boule compacte.

2. Aplatis le papier et applique de la peinture bleue sur toute la surface. Rince le papier en le passant sous de l'eau froide. Frotte-le doucement.

3. Laisse sécher. Trace un trait pour l'horizon et un autre pour la mer. Peins ensuite le ciel et la mer avec des bleus différents.

4. Peins une bande bleue le long du bord de la mer. Dessine quelques courbes en guise de blocs de glace et peins-les.

La peinture est épaisse.

5. Dessine un corps, sans oublier le contour d'un gros ventre blanc. Ajoute des ailes, un bec et des pieds palmés.

6. Peins les parties noires. Laisse sécher, puis peins les parties blanches. Pour finir, colorie le bec et les pieds.

Fée de l'arbre de Noël

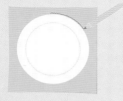
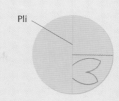

Pli

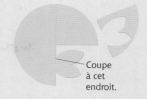

Coupe à cet endroit.

1. Pose une assiette sur du papier et dessine son contour. Découpe le cercle, puis plie-le en deux et ouvre-le.

2. Avec un crayon à papier, trace un trait qui part du centre et rejoint le bord. Sous ce trait, dessine une aile qui touche le pli.

3. Coupe le long du pli, autour de l'aile, le long du pli et le long du trait. Entaille la moitié de la base de l'aile, comme ici.

Aligne ce bord et le pli.

Coupe à cet endroit.

4. Rabats l'aile et tiens-la ainsi, doucement, comme indiqué. Avec un crayon, dessine le contour de l'aile sur le papier.

5. Ouvre le papier et découpe le contour de la seconde aile. Entaille la moitié de la base de cette aile, comme indiqué.

6. Enroule le corps de sorte que les entailles des ailes se touchent. Insère-les l'une dans l'autre. Arrondis le corps avec les mains.

Dessine un visage.

Colle les jambes à l'intérieur du corps.

7. Découpe une tête et des cheveux. Colle-les ensemble. Découpe des bras et colles-y des mains. Colle le tout sur le corps.

8. Découpe jambes et souliers. Fais des rayures sur les jambes et colle celles-ci sur les souliers. Scotche les jambes au corps.

9. Dans du papier brillant, découpe une couronne et une baguette magique. Colle-les. Décore ta fée avec des sequins.

Cartes avec motifs dorés

1. Avec un marqueur or, fais une longue ligne qui ondule sur toute la surface d'un papier-calque. Fais de même avec un feutre fin.

2. Dessine une étoile sur le papier-calque. Découpe-la. Puis dessine une étoile identique sur du papier doré et découpe-la aussi.

3. Encolle le dos de l'étoile en papier-calque et applique-la sur l'étoile dorée, de façon que toutes les pointes apparaissent.

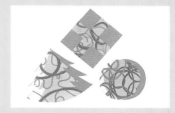

4. En suivant la même méthode, réalise d'autres formes, comme des décorations, des cadeaux et des sapins de Noël.

5. Pour une carte simple, colle la forme sur un morceau de papier cartonné plié en deux. Souligne le contour avec de la colle pailletée.

6. Tu peux réaliser une carte plus élaborée en collant la forme sur un morceau de papier, lui-même collé sur une carte pliée.

Rennes imprimés

1. Colle un morceau de carte fine sur du chiffon-éponge. Puis, au crayon à papier, dessine un corps et une tête sur la carte.

2. Découpe les formes. Étale de la peinture épaisse rouge dans une vieille assiette et trempe le corps dans la peinture.

3. Presse le corps sur un morceau de papier, puis fais de même avec la tête pour l'imprimer près du corps.

Fais pivoter le carton.

Ajoute deux traits avec le petit côté.

4. Pour les pattes, coupe un bout de carton. Trempe le côté dans la peinture et imprime quatre pattes sous le corps.

5. Trempe de nouveau le carton dans la peinture et imprime deux traits sur la tête du renne. C'est la ramure.

6. Continue la ramure en imprimant d'autres traits courts. Puis imprime trois traits pour la queue et deux pour les oreilles.

Dessine des spirales dans les taches.

7. Étale de la peinture bleu ciel dans l'assiette. Trempes-y le doigt. Fais un point pour le nez et des taches sur le corps.

8. Quand c'est sec, sers-toi d'un feutre noir pour tracer les contours du renne. Ajoute des yeux, une bouche et des sabots.

Bonhomme de neige bondissant

Les traits sont distants de deux doigts.

1. Pose une assiette sur du papier blanc et dessine son contour. Découpe le cercle obtenu et plie-le en deux.

2. Trace un trait qui part du pli et atteint presque le bord. Fais-en un autre qui part du bord et atteint presque le pli.

3. Fais partir un autre trait du pli. Tous les traits sont à deux doigts les uns des autres.

4. Trace des traits sur toute la moitié, puis découpe-les. Garde le papier plié pendant que tu coupes.

5. Déplie le cercle et aplatis-le. Pour la tête, dessine le contour d'une soucoupe, découpe et colle en place.

6. Dans du papier, découpe un chapeau et un nez. Colle-les, puis dessine des yeux et une bouche.

7. Découpe des bras et des bottes de papier. Colle-les aussi, sur l'envers du bonhomme de neige.

8. Fixe un bout de ruban à l'arrière de la tête et tire doucement sur le corps pour l'allonger.

9. Applique un peu de pâte adhésive au bas du corps, pour lui permettre de mieux rebondir.

Arbres de fête

1. Pose une tasse sur un long rectangle de papier de couleur foncée, près du bord, et trace son contour d'un trait léger avec un crayon à papier.

2. Sous le cercle obtenu, dessine un tronc et un pot. Sur le tronc, un peu en dessous du cercle, fais un gros nœud, comme ici.

3. Sers-toi d'un crayon de couleur bleu ciel pour dessiner une feuille de houx au centre du cercle. Dessine d'autres feuilles autour et colorie-les.

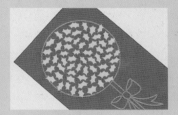

4. Dessine ainsi plein de petites feuilles de houx qui vont dans tous les sens, de façon à remplir en entier le cercle tracé à l'étape 1.

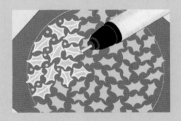

5. Au feutre argenté ou doré, repasse sur les contours des feuilles. Puis ajoute quelques points figurant des baies dans les espaces entre les feuilles.

6. Avec le feutre argenté ou doré, repasse sur les contours du tronc, du nœud et du pot. Quand c'est sec, gomme avec soin le cercle fait au crayon.

Collage de Noël

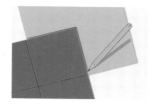

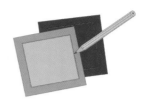

1. Tire un trait vertical au milieu d'un papier épais rouge. Ajoute deux traits horizontaux de façon à obtenir six carrés.

2. Pose un coin rouge sur du papier vert et aligne les bords et les traits faits au crayon. Trace le contour sur le papier vert.

3. Découpe ce carré vert et reporte son contour sur deux autres morceaux de papier vert, comme on te le montre ici.

4. Découpe les carrés verts et colle-les sur le papier rouge. Si nécessaire, rogne ce qui dépasse.

5. Orne chaque carré d'une décoration de Noël différente découpée dans du papier ou du tissu.

6. Pour faire la queue de l'oiseau, plie un morceau de papier en accordéon et colle-le à un bout.

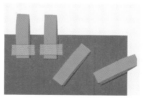

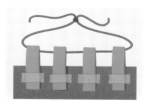

7. Décore chaque image de sequins, de paillettes, de colle pailletée, ou bien colle du papier brillant.

8. Plie en deux quatre bandes de papier vert et fixe-les avec de l'adhésif au dos du collage, en haut.

9. Pour suspendre le collage, passe un long fil dans les boucles de chaque bande et noue.

41

Cadeaux emballés

Papier à pois

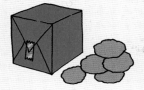

1. Emballe ton cadeau. Déchire des tas de ronds dans un papier cadeau d'une autre couleur.

2. Colle les ronds sur le paquet. N'hésite pas à les coller aussi sur les arêtes du paquet.

3. Dans du papier de différente couleur, déchire des tas de ronds plus petits et colle-les sur les grands.

Étiquette à ressort

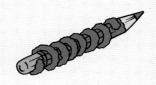

1. Découpe une étoile dans de la carte. Décore-la avec des paillettes, des feutres ou des autocollants.

2. Enroule un cure-pipe sur un crayon ou un feutre et serre bien. Puis retire doucement le crayon.

3. Assemble les deux dernières spires à un bout du cure-pipe, puis colle celui-ci au dos de l'étoile.

Dans du papier de soie

4. Fais de même avec les deux spires à l'autre bout. Ajoute un point de colle et applique sur ton cadeau.

1. Prends du papier de soie en double épaisseur et découpe un grand carré. Place le cadeau au centre.

2. Fronce le papier autour du cadeau, puis serre avec un joli ruban pour le fermer.

Ours polaire en pop-up

Les feuilles ont les mêmes dimensions.

Coupe sans déplier.

Entaille du nez

1. Plie en deux une feuille de papier blanc ou crème. Fais de même avec du papier bleu.

2. En partant du pli, trace la moitié d'une tête d'ours sur le papier blanc, ou crème, comme ci-dessus.

3. Découpe la tête. Fais une entaille pour le nez et des triangles sous les oreilles pour la fourrure.

4. Soulève le nez et rabats-le sur un côté, puis marque le pli et rabats le nez de l'autre côté.

5. Déplie la tête. Par l'arrière, pousse sur le nez avec un doigt de façon qu'il sorte sur le devant.

6. Avec des feutres, dessine une bouche et des yeux. Colorie le nez en t'appliquant.

Aligne les plis du milieu.

7. Encolle l'arrière de la tête, sans mettre de colle sur le nez. Applique sur le papier bleu.

8. Dans une feuille de papier cadeau, découpe un rectangle. Colle-le sous la tête.

9. Dans le papier blanc, découpe deux pattes et colle-les. Ajoute des griffes au feutre noir.

Calendrier de l'Avent

Pli — Pli

1. Dans du papier épais ou du carton coloré, découpe un grand rectangle de 35 à 40 cm de long.

2. Pour le sapin, plie en deux, dans le sens de la longueur, un grand rectangle de papier vert.

3. Trace une diagonale et coupe le long du trait. Coupe des petits triangles sur le bord ouvert.

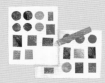

Encolle ici.

4. Découpe une forme blanche en guise de neige. Colle-la. Déplie le sapin, que tu colles au milieu.

5. Pour faire les fenêtres – il en faut 24 en tout –, trace des cercles, des carrés et diverses autres formes.

6. Découpe ces formes. Encolle un bord, puis applique sur le sapin de façon à pouvoir les ouvrir.

L'image doit tenir à l'intérieur.

7. Derrière chaque fenêtre, dessine une petite image de Noël. Elle ne doit pas dépasser de la fenêtre.

8. Dans du papier coloré, découpe des formes qui rappellent Noël. Colle-les sur le calendrier.

9. Avec un feutre noir, il ne te reste plus qu'à numéroter les fenêtres de 1 à 24.

Nuages meringués

Pour faire environ 30 meringues,
tu as besoin de :

- 2 œufs à température ambiante
- 100 g de sucre cristallisé
- des vermicelles en sucre

Préchauffe le four à 110°C,
thermostat 3-4.

Coupe à l'intérieur des lignes.

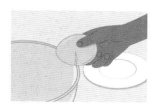

1. Sur du papier sulfurisé, trace le contour d'une tôle à pâtisserie. Découpe et pose sur la tôle. Fais de même avec une autre tôle.

2. Casse un œuf sur le bord d'un saladier. Verse-le dans une soucoupe, en veillant à ce que le jaune reste intact.

3. Couvre le jaune avec une tasse et incline doucement la soucoupe afin de laisser glisser le blanc dans le saladier.

4. Répète les étapes 2 à 3 avec l'autre œuf. Les deux blancs sont maintenant dans le saladier. Tu n'as pas besoin des jaunes.

5. Bats les blancs au fouet jusqu'à ce qu'ils soient bien fermes. La mousse doit former des crêtes quand tu soulèves le fouet.

6. Ajoute une cuillerée à soupe de sucre et bats bien. Répète en versant une cuillerée à soupe de sucre à chaque fois.

7. Avec une cuillère à café, prends un peu du mélange, puis, avec une autre cuillère à café, pousse-le sur la tôle.

8. Fais ainsi plusieurs meringues, jusqu'à épuisement du mélange. Ensuite, saupoudre de vermicelles en sucre.

9. Enfourne 40 minutes, puis éteins le four. Au bout de 15 minutes, sors les tôles et laisse les meringues refroidir.

Lanternes féeriques

Mélange colle et eau dans une assiette.

1. Mélange de la colle blanche à de l'eau pour la rendre plus liquide. Badigeonne un côté d'une feuille de papier.

2. Saupoudre des paillettes argentées sur la colle humide. Laisse sécher. Quand c'est bien sec, retourne le papier.

3. Dilue de la peinture rose dans de l'eau. Peins l'autre côté de la feuille et laisse sécher complètement.

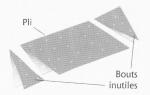

Pli

Bouts inutiles

4. Une fois sec, avec de la colle pailletée, recouvre la feuille de points brillants. Au crayon à papier, tire un trait vertical au milieu.

5. Trace trois autres traits pour obtenir huit rectangles identiques, comme sur l'illustration. Découpe-les avec soin.

6. Plie un rectangle en deux dans le sens de la longueur. Place le pli en haut et ôte un triangle de chaque côté.

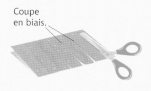

Coupe en biais.

Maintiens pendant que la colle prend.

Fais une anse.

7. Puis fais plusieurs entailles en biais, en partant du pli sans aller jusqu'au bout du bord libre du papier. Déplie le papier.

8. Dépose un point de colle en haut et en bas d'une extrémité. Rabats pour donner une forme arrondie à la lanterne et presse un instant.

9. Avec du ruban adhésif, fixe un fil à l'intérieur de la lanterne pour faire une anse. Réalise ainsi plusieurs lanternes avec les autres rectangles.

51

Père Noël imprimé

Sers-toi d'une cuillère.

1. Prends une grande feuille de journal. Pose de l'essuie-tout dessus et étale des peintures rouge et rose.

2. Coupe le bout d'une grosse pomme de terre et mets-le à la poubelle. Coupe en deux la pomme de terre restante.

3. Trempe une moitié de pomme de terre dans la peinture rouge et appuie-la au milieu d'une feuille de papier.

4. Coupe en deux une petite pomme de terre. Trempe une moitié dans la peinture rose et imprime le visage du père Noël.

5. Enduis ensuite un doigt de peinture rouge pour peindre le bonnet. Peins aussi les bras du personnage.

6. Enduis de nouveau ton doigt de peinture et imprime les jambes et les moufles. Laisse bien sécher.

7. Enduis un doigt de peinture blanche et peins la barbe sur le menton, puis des taches qui descendent en pointe sur le ventre.

8. Continue pour faire de la fourrure autour du bonnet, au bas des manches, du pantalon et du manteau.

9. Avec un feutre noir, dessine le visage du père Noël. N'oublie pas ses bottes, que tu colories aussi en noir.

53

Têtes de rennes

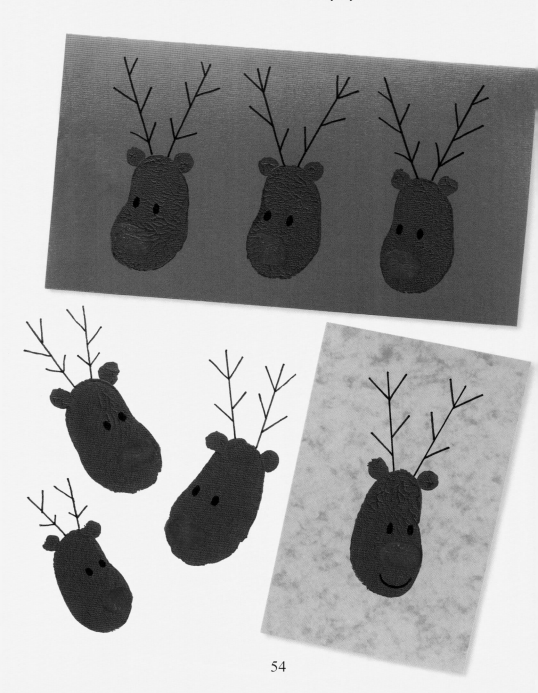

1. Coupe une pomme de terre en deux dans la longueur. Retourne-la et ôte un morceau de chaque côté pour la poignée.

2. Empile plusieurs feuilles d'essuie-tout sur un journal. Verse de la peinture marron et, avec une vieille cuillère, étale-la.

3. Tiens la pomme de terre par la poignée pour appuyer avec fermeté son côté plat sur la peinture marron. Soulève.

4. Applique la pomme de terre sur du papier pour faire la tête d'un renne. Répète les étapes 3 et 4 pour avoir d'autres têtes.

5. Pour faire les oreilles, trempe un doigt dans la peinture marron et fais une marque de chaque côté de la tête.

6. Quand la peinture marron est sèche, verse de la peinture rouge sur les feuilles d'essuie-tout et étale-la. Trempes-y un doigt.

7. Imprime un nez rouge dans le bas de chaque tête de renne, puis, avec un feutre noir, dessine des yeux.

8. Quand c'est sec, dessine deux longs traits, que tu complètes de chaque côté par des traits plus petits pour former la ramure.

Couronne de Noël

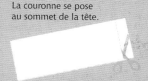

La couronne se pose
au sommet de la tête.

Trace un
trait un peu
éloigné du bord.

Le pli marque
le milieu.

1. Découpe un rectangle de papier épais aux dimensions de ton tour de tête. Coupe-le un peu à un bout.

2. Plie dans le sens de la largeur. Répète à deux reprises et trace un trait en travers.

3. Plie le papier dans le sens de la longueur. Appuie à un bout pour marquer un pli.

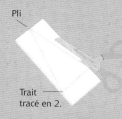

Pli

Trait
tracé en 2.

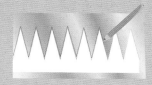

Entaille
jusqu'à la
moitié.

4. Trace une ligne allant du pli à chaque bout du trait et découpe les deux longs côtés du triangle ainsi obtenu.

5. Déplie le papier, pose-le sur du carton mince et trace au crayon les contours des triangles. Découpe la forme.

6. Coupe le triangle d'un des bouts en laissant la bande de la base, que tu entailles jusqu'à la moitié à partir du haut.

Tire avec les doigts.

7. À l'autre bout, entaille le dernier triangle, en partant de la base. Assure-toi que les entailles sont de hauteur égale.

8. Glisse les entailles l'une dans l'autre sur l'envers, afin que cela soit invisible, puis fixe-les avec un peu de ruban adhésif.

9. Courbe les pointes en les tirant avec les doigts. Enfin, décore avec des perles, des sequins et de la colle pailletée.

Tête de père Noël en collage

1. Pour le visage, déchire une forme ovale, rose ou beige, dans un vieux magazine. Colle-la sur une feuille de papier, comme ci-dessus.

2. Dans le magazine, déchire aussi des tas de bouts de papier blancs ou crème. Ils peuvent être unis ou comporter des lettres ou des motifs.

3. Déchire des petits bouts pour les cheveux et colle-les autour du visage. Ajoute des papiers déchirés en guise de barbe et de moustaches.

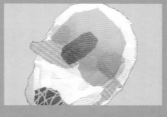

4. Dans du papier rose, ou du papier de soie, déchire deux ronds pour les joues et un ovale pour le nez. Colle-les sur le visage.

5. Dans du papier à motifs rouge, découpe ou déchire une forme de bonnet et colle-la. Déchire aussi un cercle blanc ou crème pour le pompon.

6. Avec de la peinture blanche ou du correcteur liquide, ajoute des yeux. Laisse sécher, puis, au crayon à papier, dessine une bouche et des prunelles.

Scène de neige

Gomme les traits de la pente sur les arbres.

1. En travers d'une feuille de papier blanc, trace une ligne onduleuse pour la pente neigeuse. Dessine des arbres sur la pente.

2. Trace un cercle pour la tête d'une fillette. Ajoute le corps, les bras et les mains, ainsi que les jambes et les pieds.

3. Fais-lui un bonnet et des cheveux. Dessine les yeux, le nez et la bouche. Ajoute un trait pour l'écharpe.

4. Dessine une luge incurvée sur le devant et fais deux traits qui rejoignent sa main, comme si elle la tenait.

5. Décore les vêtements de la fillette. Sur la luge, ajoute un trait arrondi pour le siège et deux repose-pied.

6. Colorie la fillette et sa luge avec des feutres. Puis repasse sur tous les contours avec un feutre fin noir.

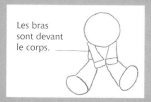

Les bras sont devant le corps.

Ajoute aussi des patins.

7. Dessine une camarade sur une autre luge. Fais la tête, et les bras devant ; ajoute le corps, les jambes et les pieds.

8. Trace un rectangle autour du corps pour représenter la luge. Fais des traits en travers, ainsi qu'un rebord.

9. Dessine un bonnet, des oreilles et des cheveux qui volent au vent. Ajoute yeux, nez et bouche. Puis colorie avec des feutres.

Les bergers

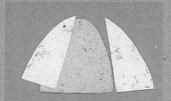

1. Pour le corps, découpe une forme arrondie dans du papier kraft. Colle-la sur une grande feuille de papier, avec deux formes en guise de manteau.

2. Découpe une coiffe dans du papier blanc. Colle dessus un visage, une barbe et un bandeau rouge, puis colle l'ensemble sur le corps.

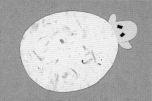

3. Découpe des bandes de papier et colle-les sur le manteau. Découpe un bâton de berger. Colle-le et ajoute par-dessus une main en papier.

4. Pour le corps du mouton, découpe un grand ovale dans du papier, puis un petit ovale en guise de tête. Colle-les, et ajoute des yeux et des oreilles.

5. Coupe des bandes de papier pour faire les pattes et la queue, puis colle-les. Coupe une autre petite bande et un triangle pour le collier et la cloche.

Que de bonshommes de neige !

Reprends souvent de la peinture avec ton pouce.

1. Trempe le pouce dans de la peinture blanche et fais de rangées de taches sur du papier foncé. Elles forment les corps.

2. Puis trempe le bout de l'index dans la peinture blanche et imprime une tête sur le corps de chaque bonhomme de neige.

3. Coupe une étroite bande de carton épais. Enduis le bout de peinture rouge et fais un nez sur chaque tête, tous à un angle différent.

4. Une fois sec, demande à un adulte de faire deux petites entailles de chaque côté du cou de certains bonshommes de neige.

5. Enfonce un ruban étroit dans une entaille et fais-le ressortir, par-dessous, par l'autre entaille. Répète autant que nécessaire.

6. À chaque fois, attache les deux bouts du ruban pour faire une écharpe. Coupe les rubans qui sont trop longs.

Maintiens le haut du carton en place.

7. Pour un bonnet pointu, trempe le bout d'une autre bande étroite de carton épais dans de la peinture et imprime en pivotant au-dessus de la tête.

8. Quand la peinture est sèche, dessine des traits fins en guise de bras et de doigts. Donne-leur des poses diverses. Fais aussi des yeux.

9. Ajoute des boutons sur certains corps et des bouches qui rient, d'autres qui crient ou paraissent ennuyées, surprises ou endormies.

Étoiles ornementales

1. Dans du papier épais, coupe plusieurs bandes de même largeur. Ensuite, peins-les toutes de la même couleur.

2. Colle les bandes bout à bout : tu obtiens une longue bande de 50 cm (environ trois fois la largeur de cette page).

3. Rabats alors un bout de la bande comme ci-dessus. Marque bien le pli, car il formera un bord de l'étoile.

Ce bord est de même longueur que le premier pli.

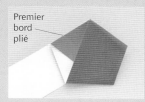

Premier bord plié

4. Puis rabats la bande par-dessus : le bord à gauche doit avoir la même longueur que le premier bord plié.

5. Rabats encore la bande de façon qu'elle suive le premier bord plié. Tous les bords doivent avoir la même longueur.

6. Continue à plier la bande autour de la forme à cinq bords, en veillant à ce que tous les bords et plis correspondent bien.

Glisse le bout à cet endroit.

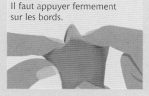

Il faut appuyer fermement sur les bords.

Attention à l'aiguille !

7. Quand il n'y a plus de longueur de bande, introduis le bout libre sous la bande aussi loin que possible et marque le pli.

8. Appuie fermement sur chaque bord pour obtenir une forme en étoile. Puis pince chaque pointe, qui doit ressortir nettement.

9. Décore l'étoile. Demande à un adulte d'enfoncer une aiguille et un fil à travers une des pointes. Noue les bouts pour faire une boucle.

Cœurs scintillants

Pli

1. Plie en deux une feuille de carte. Dessine la moitié d'un cœur à partir du pli, découpe, puis déplie.

2. Pose le cœur sur du papier épais. Dessine son contour à quatre reprises. Découpe tous les cœurs.

3. Plie chaque cœur en deux, puis ouvre-les. Enduis une face d'un cœur de colle blanche.

4. Saupoudre des paillettes sur la colle et laisse sécher. Fais de même avec les trois autres cœurs.

5. Une fois sec, plie les cœurs, paillettes à l'intérieur, et encolle la moitié du dessus de l'un d'eux.

6. Appuie une des moitiés d'un autre cœur sur la colle, en alignant les bords. Attends que la colle prenne.

D'autres formes pour d'autres décorations

7. Encolle un autre cœur de la même façon. Fais une boucle dans du fil et fixe-le à l'intérieur avec du ruban adhésif.

8. Encolle les deux moitiés du dernier cœur et colle-le, en laissant le fil à l'intérieur. Ainsi, le cœur est complet.

Étiquettes de Noël

Boule

1. Passe le bord d'un bout de carton dans de la peinture dorée ou orange. Imprime un motif en croisillons sur de la carte.

2. Quand c'est sec, pose un petit couvercle sur la carte et dessine son contour. Découpe le cercle obtenu.

3. Avec des feutres, décore le cercle de rayures et de zigzags, puis fixe un morceau de ruban au dos.

Bonhomme de neige

Tu n'as pas besoin de ce morceau.

1. Demande à un adulte de couper une carotte en trois, comme ci-dessus, pour avoir un petit bout et un gros.

C'est le corps.

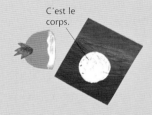

2. Trempe le gros morceau de la carotte dans de la peinture épaisse blanche. Imprime sur un morceau de carte.

3. Fais une tête avec le petit bout de la carotte. Une fois sec, dessine le visage, le chapeau et les boutons.

Carte en zigzag

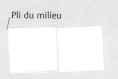
Pli du milieu

1. Dans du papier épais ou de la carte, coupe un rectangle long et étroit. Plie en deux dans le sens de la largeur et marque le pli.

2. Rabats la partie du dessus jusqu'au pli du milieu. Retourne et plie de la même façon, pour faire un pliage en accordéon.

3. Ouvre la carte. Avec un crayon à papier, trace une ligne légère qui ondule d'un bord à l'autre, comme ceci.

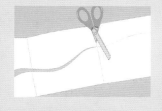
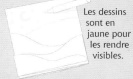
Les dessins sont en jaune pour les rendre visibles.

4. Découpe la ligne, en t'arrêtant au dernier pli. Découpe le pli, en partant du haut et en t'arrêtant à la ligne qui ondule.

5. Plie de nouveau la carte en accordéon. Avec un pastel à la cire blanc, dessine des étoiles et la lune, en appuyant fort.

6. Ouvre la carte. Applique de la peinture bleue sur les étoiles et la lune. Arrête-toi à la ligne qui ondule. Les dessins restent visibles.

Place les grands arbres devant les petits.

7. Pendant que le ciel sèche, avec le pastel à la cire blanc, dessine des points sur du papier épais. Étale de la peinture verte.

8. Quand c'est bien sec, découpe environ huit triangles, de tailles différentes. Ce sont les arbres du paysage.

9. Dispose les arbres le long de la ligne qui ondule et colle-les. Attention de ne pas coller les couches de papier ensemble !

Fées flocons de neige

1. Pose une grande tasse sur du papier blanc. Au crayon à papier, trace son contour. Fais de même sur du papier violet. Découpe les cercles.

2. Plie le cercle blanc trois fois en deux, puis découpe des petits triangles tout le long des bords du papier.

3. Au pinceau, étale de la colle blanche sur le flocon. Saupoudre de paillettes et laisse sécher. Ensuite, colle-le sur le cercle violet.

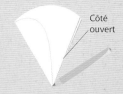

Côté ouvert

4. Coupe le flocon en deux. Pour la jupe, coupe une moitié en deux morceaux. Puis découpe un corps dans le plus petit morceau.

5. Colle la jupe sur un morceau de papier. Colle aussi le corps. Découpe une ceinture violette et applique-la entre les deux.

6. Pour les ailes, trace un cercle avec la tasse et découpe-le. Plie-le en deux trois fois. Dessine la moitié de la forme d'une aile, en partant du bord.

Garde le papier plié.

7. Coupe le long du trait dessiné, puis découpe quelques triangles le long du pli, comme ci-dessus. Déplie les ailes.

8. Encolle les ailes et saupoudre des paillettes. Laisse sécher. Enfin, colle les ailes au corps, comme ci-dessus.

9. Découpe une tête et des cheveux, et colle-les ensemble. Découpe bras, jambes et couronne, et colle le tout. Fais le visage.

Étoiles au fromage

Pour faire environ 25 étoiles, tu as besoin de :

- 150 g de farine avec levure incorporée
- ½ cuillerée à café de sel
- 75 g de beurre ou de margarine
- 75 g de fromage finement râpé
- 1 œuf et 1 cuillerée à soupe de lait,
  battus ensemble
- un emporte-pièce en forme d'étoile
- une plaque à pâtisserie graissée

Préchauffe le four à
200°C, thermostat 7.

1. Tamise farine et sel au-dessus d'un saladier. Ajoute le beurre, ou la margarine. Avec le bout des doigts, malaxe pour obtenir une consistance de sable grossier.

2. Dépose une cuillerée à soupe de fromage râpé dans une assiette et incorpore le reste à la préparation. Mélange bien.

Étale la pâte sur l'épaisseur d'un petit doigt.

3. Verse dans une tasse une cuillerée à soupe du mélange œuf et lait. Ajoute ensuite le reste dans la farine pour faire une pâte.

4. Farine un plan de travail propre, puis, avec un rouleau à pâtisserie, étale la pâte. Avec l'emporte-pièce, découpe plusieurs étoiles.

Sers-toi d'un pinceau à pâtisserie.

5. Badigeonne les étoiles avec le reste du mélange œuf-lait, puis saupoudre-les avec le fromage restant.

6. Dépose les étoiles sur la plaque à pâtisserie graissée. Enfourne 8 à 10 minutes. Elles doivent dorer.

Papier cadeau avec pingouins

Coupe
dans la
moitié.

1. Empile plusieurs feuilles d'essuie-tout, puis dépose-les sur une épaisse couche de vieux journaux.

2. Verse ensuite de la peinture épaisse noire sur l'essuie-tout et étale-la un peu avec le dos d'une cuillère.

3. Avec un couteau, coupe en deux une grosse pomme de terre. Pose-la à plat et retire un bout de chaque côté pour faire une poignée.

4. Pour le corps, trempe la pomme de terre dans la peinture et applique-la sur du papier. Imprime ainsi plusieurs corps.

5. Quand c'est sec, avec une pomme de terre plus petite, imprime sur chaque pingouin une petite tache blanche pour le ventre.

6. Enduis un pinceau de peinture orange et peins un bec incurvé sur le côté de la tête des pingouins.

7. Trempe un pinceau fin dans de la peinture noire et peins un aile incurvée de chaque côté du corps des pingouins.

8. Pour faire les pieds des pingouins, peins deux petits triangles de couleur orange en bas du corps.

9. Peins un œil blanc sur chaque animal. Attends que la peinture sèche et ajoute un point noir pour la prunelle.

Anges décorés

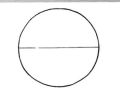

Trace le contour d'une grosse pièce de monnaie.

1. Pose une petite assiette sur une feuille de papier épais et, avec un crayon, trace son contour.

2. Découpe le cercle ainsi dessiné. Ensuite, trace une ligne légère en travers du milieu du cercle.

3. Pour la tête, fais un petit cercle au centre du grand cercle, juste au-dessus de la ligne, comme ci-dessus.

4. Trace un trait autour de la tête et un autre allant du bord du grand cercle à la tête. Découpe ce trait.

5. De chaque côté du grand cercle, au-dessus de la ligne du milieu, dessine une ligne courbe. Découpe.

6. Dessine quatre triangles autour du bord, comme ci-dessus, et découpe-les. Voici les ailes.

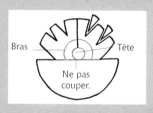

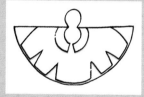

7. Découpe les bras et la tête, indiqués en rouge sur le dessin. Ne coupe pas le cou.

8. Efface les traits au crayon. Rabats les ailes et les bras sur le devant. Marque bien les plis.

9. Décore la robe de l'ange avec des feutres ou dessine des formes à la colle et saupoudre de paillettes.

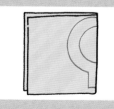

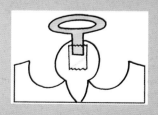

10. Retourne l'ange et arrondis la robe pour former un cône. Fixe les bouts avec de l'adhésif.

11. Pour l'auréole, plie en deux un morceau de papier. Dessine la forme ci-dessus et découpe-la.

12. Ouvre l'auréole, aplatis le pli et fixe-la avec du ruban adhésif à l'arrière de la tête.

Les Rois mages

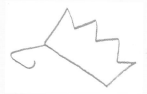

1. Avec un crayon à papier, dessine une couronne dans le coin d'une feuille de papier. Fais aussi un nez.

2. Dessine une barbe sous le nez et ajoute des traits courbes à l'intérieur. Complète avec une coiffe.

3. Trace un grand triangle pour la robe et un autre pour le manteau flottant. N'oublie pas les pantoufles.

4. Dessine des manches et des mains. Trace un cercle pour le cadeau. Gomme les lignes qui se chevauchent.

Ne colorie pas la couronne.

5. Peins le visage et les mains avec de la peinture diluée. Ajoute des joues rouges. Peins aussi les vêtements et le cadeau.

6. Quand le dessin est sec, repasse sur les contours avec un feutre noir. Ajoute un œil et des traits dans la barbe.

7. Avec un feutre doré, colorie la couronne et décore aussi la coiffe. Fais encore des traits dans la barbe.

8. Décore les manches et la robe avec des rayures et des taches dorées. Colorie également le dessus du cadeau.

9. Trace des rayures et des motifs dorés sur le manteau. Enfin, dessine et peins deux autres Rois mages.

Rouges-gorges décoratifs

1. Dans du papier blanc, découpe une bande d'environ la hauteur de ce livre. Courbe-la pour obtenir un ovale, dont tu colles les bouts.

2. Pour l'œil, découpe une petite bande de papier blanc, enroule-la autour d'un crayon, colle les bouts, puis colle-la à l'intérieur du corps.

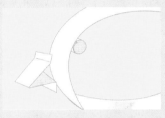

3. Coupe une autre bande de papier pour faire le bec. Plie-la en deux, puis rabats légèrement les deux bouts. Colle-les sur le corps.

4. Découpe une bande dans du papier rouge. Rabats-la en forme de larme et colle les bouts. Colle ce ventre rouge à l'intérieur du corps.

5. Colle une bande blanche pour la queue. Coupe deux fentes au bout, que tu enroules sur un crayon. Attache un fil pour suspendre l'oiseau.

Anges aux ailes dorées

Fais des petits ronds sur les joues avec un pastel rouge et estompe.

1. Au crayon rose, trace les contours d'une tête avec le cou, et d'une robe. Au pastel tendre, colorie visage, cou et épaules. Ajoute mains et jambes.

2. Avec un crayon noir, fais deux courbes pour les yeux, avec les cils, puis une bouche souriante. Ajoute deux petites ailes à côté des épaules.

3. Colorie le haut de la robe ainsi que les manches avec un pastel jaune. Colorie le reste en blanc et estompe légèrement tous les pastels.

4. Avec des pastels jaune et rouge, fais des volants sur la robe. Dessine une auréole en jaune et rouge, et ajoute des souliers rouges.

5. Dessine des cheveux au pastel rouge. Estompe un peu avec le doigt. Ajoute des traits ondulés dans les cheveux avec un pastel orange.

6. Encolle les ailes et saupoudre de paillettes. Laisse sécher, puis secoue pour faire tomber les paillettes en trop.

Papier de soie peint

1. Coupe un morceau de papier de soie qui fasse environ deux fois la taille de cette page. Plie-le en deux à trois reprises.

2. Trempe un pinceau propre dans de l'eau et passe-le sur toute la surface du papier plié, pour bien l'humidifier.

3. Peins une bande à l'encre rose en travers du papier. Repasse de nouveau jusqu'à ce que l'encre imbibe toutes les épaisseurs.

4. Peins une bande violette en haut et en bas de la bande rose. Laisse l'encre traverser les épaisseurs du papier et se mêler à l'encre rose.

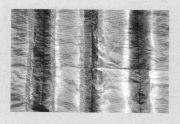

5. Laisse le papier plié jusqu'à ce qu'il soit complètement sec. Tu peux alors le déplier avec précaution et l'aplatir.

6. Avec un pinceau, trace des bandes de colle sur le papier et saupoudre de paillettes. Laisse sécher. Ôte les paillettes en trop.

Chaussettes de Noël
décorations

1. Plie en deux, dans le sens de la largeur, un morceau de papier épais, ou de carte, de couleur.

2. Avec un crayon, dessine une chaussette dont le long côté rectiligne longe le bord plié du papier.

3. Découpe la chaussette avec des ciseaux. Attention de ne pas couper le long du pli.

4. Déplie et encolle l'un des bords, comme indiqué. Puis replie la chaussette.

5. Appuie fermement sur la chaussette, en veillant à ce que les bords soient alignés. Puis laisse sécher.

6. Décore avec paillettes, autocollants, feutres ou crayons de couleur. Ajoute sequins et formes découpées en papier.

Flocons de neige argentés

1. Pose un vieux CD sur un morceau de papier mince blanc et trace son contour au crayon. Découpe.

2. Plie en deux, à trois reprises, le cercle obtenu. Découpe des petits triangles tout le long des bords.

3. Déplie doucement le papier pour voir le flocon de neige. Pose-le sur une surface plane et aplatis-le bien avec les doigts.

4. Pose le CD sur une chute de papier et étale de la colle autour du trou central. Saupoudre de paillettes. Laisse sécher.

5. Secoue pour faire tomber les paillettes en trop. Puis dépose plusieurs points de colle sur un côté du flocon et appuie-le sur le CD.

6. Laisse sécher, puis coupe un long bout de fil, que tu fixes au dos avec de l'adhésif. Tu peux ensuite recouvrir cette face d'un autre flocon.

Fudge glacé

Pour faire environ 50 confiseries,
tu as besoin de :

- 350 g de sucre glace
- 75 g de beurre doux
- 4 cuillerées à café de lait
- ½ cuillerée à café d'extrait
  de vanille
- 75 g de guimauves blanches
  et roses
- 2 cuillerées à soupe de
  vermicelles en sucre
- un moule carré peu profond
  de 18 cm

Réserve le saladier jusqu'en 6.

1. Pose le moule sur du papier sulfurisé et dessine son contour au crayon à papier. Découpe un peu à l'intérieur du trait.

2. Avec de l'essuie-tout, enduis d'huile de cuisson les côtés et le fond du moule. Mets-y le carré de papier et graisse-le aussi.

3. Place un tamis au-dessus d'un saladier, verse le sucre glace et secoue pour faire tomber. Avec une cuillère, fais un trou au milieu.

Utilise des ciseaux de cuisine.

4. Verse le beurre, le lait et l'extrait de vanille dans une casserole. Coupe les guimauves en deux et ajoute-les.

5. Fais chauffer à feu doux. Tourne de temps en temps avec une cuillère en bois jusqu'à ce que la préparation ait fondu.

6. Verse la préparation dans le trou fait dans le sucre et tourne rapidement jusqu'à obtenir une pâte lisse.

Appuie fort sur les vermicelles avec la main.

Ne fais pas tomber trop de vermicelles !

7. Verse le fudge obtenu dans le moule. Saupoudre de vermicelles en sucre, puis laisse reposer deux heures au réfrigérateur.

8. Avec un couteau émoussé, décolle le fudge des bords du moule et renverse sur une planche. Ôte le papier sulfurisé.

9. Retourne le fudge et découpe-le en petits carrés. Place-les dans un récipient étanche et laisse deux heures au réfrigérateur.

Une rue sous la neige

96

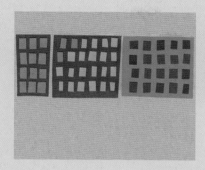

1. Dans du papier, découpe des carrés, grands pour les immeubles et petits pour les fenêtres. Colle les immeubles en haut d'une feuille de papier, puis les fenêtres.

2. Étale de la peinture blanche sur le papier pour figurer la neige. Avec la pointe du pinceau, ajoute de la neige sur les immeubles et dans le ciel.

3. Découpe des manteaux, des vestes et leurs manches, puis colle-les dans le paysage. Dessine des têtes, des bottes et des chaussures.

4. Au premier plan de la scène, avec un feutre et des chutes de papier, détaille les personnages. Ajoute visages, sacs et gants.

Guirlandes à paillettes

Les ondulations doivent être verticales.

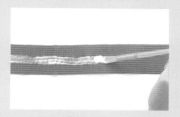

1. Déroule une feuille de papier crépon, dans laquelle tu découpes une bande d'environ 5 cm de large. Donne-lui la longueur souhaitée.

2. Pose la bande de papier sur un journal et fixe les bouts avec du ruban adhésif. Avec un pinceau, étale de la colle, au milieu, sur toute la longueur.

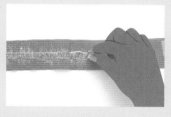

3. Saupoudre de paillettes et laisse sécher. Puis retourne la bande et décore-la de paillettes comme précédemment.

4. Quand la colle est presque sèche, enroule doucement la guirlande autour de ta main, plusieurs fois, puis retire-la.

La colle va sécher complètement et la guirlande restera tordue.

5. Garde la guirlande pliée pour faire des entailles de chaque côté des deux bords, en veillant à ne pas couper la bande pailletée.

6. Déplie la guirlande, puis tords-la. Fixe-la telle quelle avec du ruban adhésif sur un plan de travail. Attends trois heures avant de la suspendre.

Fées du sapin

Si possible, utilise
un feutre argenté.

1. Pose une tasse sur du papier et trace son contour. Découpe le cercle obtenu. Plie en deux, puis déplie et coupe le long du pli.

2. Dessine deux bras sur l'un des demi-cercles. Découpe-les et décore-les au feutre. Puis découpe des mains et colle-les.

3. Pour le corps, décore le second demi-cercle et encolle la moitié du bord rectiligne pour pouvoir former un cône.

Trou

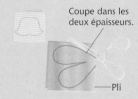

Coupe dans les deux épaisseurs.

Pli

4. Enroule le papier et appuie sur les bords rectilignes pour les coller. Coupe le haut du cône pour percer un petit trou.

5. Plie deux morceaux de papier en deux. Dessine des cheveux sur l'un et une aile touchant le pli sur l'autre. Découpe.

6. Dessine un visage, découpe et colle sur une des formes de cheveux. Coupe un long bout de fil, que tu plies en deux.

Si le nœud passe par le trou, fais-en un autre.

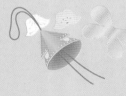

7. Fais un nœud à la moitié du fil de façon à obtenir une boucle. Puis glisse celle-ci dans le trou en haut du corps.

8. Colle les bras sur le corps. Colle la boucle sur la partie arrière des cheveux et colle le visage par-dessus. Colle les ailes.

9. Pour les souliers, enfile des petites perles dans les deux bouts de fil qui pendent et fais un nœud sous les perles.

Cartes tachetées à étoiles

1. Coupe deux petites pommes de terre en deux. Puis, avec une vieille cuillère, étale un peu de peinture blanche sur des feuilles d'essuie-tout empilées.

2. Trempe le bout coupé de la pomme de terre dans la peinture et appuie-le sur un grand papier rouge. Fais plusieurs taches blanches sur le papier.

Change de pomme de terre à chaque fois.

3. Étale de la peinture bleue et de l'argentée sur l'essuie-tout. Imprime des taches bleues et argentées, dont certaines mordent sur les blanches.

4. Pour les cercles, trempe le bord d'une capsule de bouteille dans une couleur et imprime, en chevauchant certaines taches.

5. Pour les étoiles, enduis de peinture la tranche d'un bout de carton et imprime un trait horizontal, puis deux autres traits, pour obtenir un X barré.

6. Laisse sécher, puis découpe plusieurs rectangles dans le papier. Plie-les tous en deux. Tu as maintenant de jolies cartes à motifs.

Traîneau en collage

1. Découpe plusieurs morceaux de papier blanc et frotte leur surface avec des pastels à l'huile de couleur rose, orange, blanche et jaune.

2. Sers-toi d'un pinceau épais pour appliquer diverses teintes de peinture marron ou noire sur les pastels. Laisse sécher les papiers.

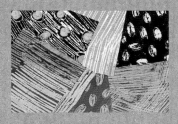

3. Ensuite, demande à un adulte de gratter la peinture avec un cutter pour obtenir des ronds et des lignes, de diverses directions et largeurs.

4. Dans les papiers ainsi peints, découpe des formes simples qui figurent une route et des maisons. Colle le tout sur une grande feuille de papier.

5. Découpe d'autres formes simples pour faire un traîneau et colle-les sur le papier. Colle également des cadeaux dans le traîneau et même autour.

6. Découpe des formes pour la tête, le corps, le cou, les pattes, la queue et la ramure du renne. Colle-les et ajoute une longue rêne.

Château de l'Avent

1. Déchire du papier blanc pour représenter une colline enneigée. Colle-la dans le bas d'un morceau de papier bleu.

2. Dans du papier de couleur, découpe six tours, comme ci-dessus. Découpe aussi un grand rectangle violet.

3. Pose le rectangle sur la colline pour avoir une idée de la taille de l'enceinte du château. Colle derrière les trois plus hautes tours.

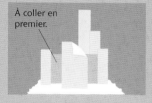

À coller en premier.

4. Colle le rectangle au pied des tours, puis les trois autres tours sur le rectangle.

5. Découpe ensuite six triangles en guise de toits. Colles-en un sur chaque tour.

6. Découpe diverses formes (fenêtres, portes, fanions et cercles) pour faire les 24 fenêtres à ouvrir.

Trace les mâts au feutre argenté.

7. Encolle un côté de chaque fenêtre et colle celle-ci sur le papier, comme ceci. Ajoute une image derrière chacune.

8. Pour faire les arbres, découpe plusieurs triangles de papier vert. Colle-les en les faisant se chevaucher.

9. Avec le doigt, imprime des points blancs dans le ciel pour faire la neige. Laisse sécher. Numérote chaque fenêtre de 1 à 24.

Sapin avec cure-pipe

1. Coupe un morceau de papier cadeau un peu plus long qu'un cure-pipe. Plie-le en deux, puis fais une boucle à l'extrémité du cure-pipe.

2. Découpe deux grands triangles dans le papier cadeau. Puis coupe leurs pointes pour obtenir deux petits triangles.

3. Étale de la colle sur un des petits triangles et place le cure-pipe dessus, comme ici. Encolle l'autre petit triangle et applique-le sur le premier, en les alignant.

4. Tiens les deux grands triangles ensemble et coupe-les en haut pour former deux bandes. Colle celles-ci sur le cure-pipe, un peu en dessous.

5. Continue à découper des bandes dans les arbres et à les coller, jusqu'à ce que tu arrives au bas du cure-pipe. Le sapin prend forme.

6. Découpe un pot dans du papier cadeau plié en deux. Colle-le au bas du cure-pipe et place deux étoiles au sommet, en papier ou en autocollants.

Fée en collage

1. Réalise la jupe de la fée dans du papier rose. Déchire-le grossièrement et colle-le sur un autre morceau de papier, qui sert de décor.

Pli

Coupe les deux épaisseurs.

2. Pour les ailes, découpe des formes vertes dans des magazines. Plie-les en deux et dessine la moitié d'une feuille de houx d'un côté du pli.

Joins les bouts au centre.

3. Déplie les feuilles et aplatis-les. Ensuite, colle-les sur le décor, juste au-dessus du haut de la jupe de la fée, comme indiqué sur l'illustration.

4. Dans du papier de soie blanc, déchire un morceau un peu plus grand que la jupe et fronce-le en haut, comme illustré.

5. Colle la partie froncée sur le haut de la jupe. Puis découpe un bustier dans du papier blanc et colle-le sur le papier froncé.

Découpe des magazines.

6. Découpe une tête, un cou et des cheveux. Colle la tête et le cou sur les cheveux, puis dessine un visage. Colle sur le corps.

Colle les pieds sur des souliers.

7. Dans un morceau de papier, découpe des bras et déchire des morceaux pour les manches. Colle sur la fée. Découpe aussi des pieds et colle-les.

Décore la robe.

8. Découpe une couronne et une bande de papier pour la baguette magique. Colle sur la fée. Ajoute une étoile en sequin ou autocollant au bout de la baguette.

Guirlande en papier

1. Avec un crayon à papier, dessine un petit cœur et un cœur légèrement plus grand sur des papiers de deux roses différents. Découpe-les.

2. Colle le petit cœur sur le plus grand. Puis, avec de la colle pailletée, souligne soigneusement le contour du petit cœur.

Ajoute des points de colle pailletée.

3. Enduis de colle blanche toute la surface d'un petit morceau de papier rose vif. Saupoudre-le de paillettes et laisse complètement sécher.

4. Sur l'envers du papier, dessine et découpe une cloche. Découpe une forme arrondie qui s'ajuste sur le haut de la cloche. Colle-la, puis décore la cloche.

Ainsi fixées à la cordelette, les formes ne glissent pas.

5. Réalise d'autres formes, puis coupe des bouts de ruban. Plie-les en deux pour former des boucles. Avec de l'adhésif, fixe les boucles au dos des formes.

6. Enfile les formes sur une fine cordelette. Espace-les un peu et fixe-les sur la cordelette à l'aide d'un petit bout de ruban adhésif.

Boules scintillantes

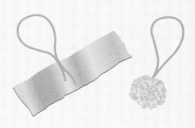

1. Coupe un bout de fil d'environ la longueur d'un crayon. Coupe ensuite quatre bandes, d'à peu près la même longueur, dans du papier d'aluminium.

2. Plie le fil en deux et place les bouts sur l'une des bandes. Froisse la bande en boule, en gardant la boucle de fil au centre. Serre-la bien avec la main.

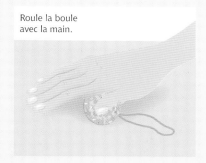

Roule la boule avec la main.

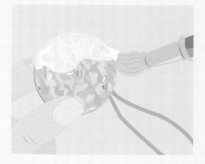

3. Froisse les trois autres bandes autour de la première, de manière à obtenir une grosse boule. Puis, sur une surface plane, roule celle-ci avec la main pour l'arrondir.

4. Recouvre de colle blanche la moitié de la boule et saupoudre de paillettes. Laisse-la sécher. Recommence avec l'autre moitié pour compléter la boule.

Ciel étoilé

1. Prépare une grande quantité de peinture bleue diluée et peins entièrement une grande feuille de papier blanc – le bas doit être plus foncé que le haut.

2. Quand c'est sec, trace une ligne légère en travers du papier, dans le bas. C'est une colline. Dessine des arbres et des bâtiments.

3. Au-dessus, dans le ciel, dessine la silhouette du père Noël dans son traîneau. Ajoute des rennes devant – inspire-toi de l'illustration.

4. Avec de la peinture ou de l'encre noire, colorie la colline, les bâtiments et les arbres. Laisse sécher. Tu obtiens un premier plan entièrement noir.

5. Au feutre noir, colorie le père Noël, les rennes et le traîneau. Puis, avec un feutre argenté, ajoute une traînée de petites étoiles derrière le traîneau.

6. Au feutre argenté, dessine la lune, et un ciel parsemé d'étoiles. Trace également des rectangles sur les bâtiments, en guise de fenêtres.

Marque-page fée

Utilise de la
colle blanche.

1. Dans du papier, découpe
un cercle pour la tête de la
fée. Dessine des cheveux
sur du papier épais rose et
découpe-les.

2. Encolle les cheveux, puis
saupoudre-les de paillettes.
Pendant que ça sèche, découpe
une bande dans le papier rose
et colle la tête dessus.

Pli

Utilise de
préférence
du papier
brillant.

3. Colle les cheveux sur la tête
et dessine un visage. Ensuite,
découpe une couronne dans
du papier brillant et colle-la
sur les cheveux.

4. Pour les ailes, plie en deux
un morceau de papier épais et
dessine une aile d'un côté du
pli. Tout en gardant le papier
plié, découpe la forme.

5. Colle les ailes au dos de
la bande de papier rose. Puis
décore le marque-page avec
des autocollants, de la colle
pailletée et un feutre argenté.

119

Bonhomme de neige à la craie

1. Sur du papier bleu, dessine et colorie un rond à la craie blanche. En dessous, dessine un rond plus grand. Ajoute une ligne qui ondule et colorie en blanc en dessous.

2. Fais des points à la craie blanche autour du bonhomme de neige. Avec le bout du doigt, frotte ses contours pour estomper la craie. Estompe aussi les points.

3. Pour ne plus estomper le dessin, place un bout de papier sous la main qui dessine. Fais des points au crayon noir en guise de bouche, d'yeux et de boutons.

4. Avec un crayon de couleur rouge vif, dessine un nez en forme de carotte et une belle écharpe autour du cou. Ajoute des rayures orange et rouges.

121

Renne à suspendre

Garde l'autre moitié pour plus tard.

1. Pose une petite assiette sur un morceau de papier kraft ou de carte. Dessine son contour.

2. Découpe le cercle obtenu et plie en deux. Déplie et coupe le long du pli, comme indiqué.

3. Pour faire un cône, encolle la moitié du bord rectiligne de l'un des demi-cercles.

4. Enroule le papier de façon à coller les bords rectilignes l'un sur l'autre. Appuie fermement.

5. Coupe le haut du cône. Fais une boucle au milieu d'une cordelette et glisse-la dans le trou du cône.

6. Dessine une tête de renne sur l'autre demi-cercle. Ajoute ramure et oreilles, et la face.

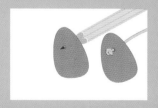

7. Découpe la tête avec précaution. Puis mets un point de colle au dos et colle-la sur le corps.

8. Plie un bout de papier en deux. Dessine un pied et découpe pour obtenir les deux pieds du renne.

9. Avec un crayon, perce un trou dans chaque pied. Enfonces-y les bouts de la cordelette et fais un nœud.

Carte père Noël

1. Pour faire la carte, plie en deux un carré de papier épais. Découpe la forme d'un bonnet incurvé dans du papier rouge et colle-la en haut.

2. Dans du papier blanc, découpe une barbe comme ci-dessus. Colle-la sur la carte, sous le bonnet, en laissant un espace entre les deux.

3. Dans le papier blanc, découpe une bande onduleuse et colle-la au bas du bonnet. Puis colle un pompon en autocollant ou découpé dans du papier.

4. Découpe un nez dans le papier rouge et colle-le. Découpe aussi deux yeux ronds, ou utilise des autocollants. Avec un feutre rouge, dessine un sourire dans la barbe.

Papier cadeau feuilles de houx

1. Pour faire le pochoir, dessine une feuille de houx sur du papier épais et demande à un adulte de la découper au cutter.

2. Verse de la peinture acrylique rouge dans une vieille assiette, étale-la et trempes-y un bout de chiffon-éponge.

3. Pose le pochoir sur un morceau de papier kraft, puis tamponne à plusieurs reprises la peinture sur le pochoir, afin d'imprimer la feuille de houx.

4. Soulève le pochoir et place-le à côté de la première feuille de houx. Tamponne à plusieurs reprises pour imprimer une autre feuille de houx.

5. Imprime ainsi trois autres feuilles de houx, en cercle. Puis, avec de la peinture verte, fais de même cinq autres feuilles, entre les rouges. Laisse sécher.

6. Au feutre doré, dessine une nervure courbe au centre de chaque feuille verte. Enfin, ajoute une spirale dorée au cœur du pochoir.

Sapins de Noël en 3D

Tu peux fixer une étoile
scintillante à la pointe du sapin.

Froisse le papier de soie.

1. Trempe un pinceau sec dans de la peinture verte et passe-le au hasard sur un rectangle étroit de papier ou de carte. Laisse sécher.

2. Peins le papier avec un vert plus foncé. Avant que ça sèche, frotte du papier de soie sur la surface pour créer un effet de texture.

3. Quand c'est bien sec, retourne le papier et peins partout des taches de couleurs vives. Fais aussi quelques taches dorées.

Marque le pli ici.

Coupe ce bout.

Trace un trait ici.

4. Pour créer un sapin, rabats le coin droit du haut jusqu'au bord en bas et marque le pli obtenu en appuyant fortement.

5. Puis prends le coin à droite et rabats-le également le long du bord du bas. Marque le pli en appuyant bien.

6. Coupe le papier le long du triangle, puis pose-le comme sur l'illustration. Trace un trait horizontal en travers.

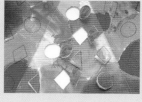

7. Coupe le long de ce trait. Puis déplie le papier et dessine des triangles, des losanges et des cercles un peu partout, sauf sur les plis.

8. Demande à un adulte de découper au cutter les formes dessinées, sans les détacher complètement. La partie non coupée servira de charnière.

9. Retourne la carte et enfonce le doigt dans les formes découpées pour les faire saillir. Plie en forme de sapin et maintiens avec du ruban adhésif.

Anges en papier

1. Pour la robe de l'ange, dessine un triangle arrondi sur du papier épais et découpe-le. Dessine deux bras sur le même papier et découpe-les.

2. Découpe deux mains, que tu colles sur les bras. Puis colle un bras derrière la robe, tendu, et l'autre sur la robe. Ajoute deux pieds.

Coupe toutes les épaisseurs.

3. Dans deux papiers différents, découpe une tête ronde et des cheveux. Colle les cheveux sur la tête, puis la tête sur le haut de la robe.

4. Pour faire une aile en accordéon, plie un rectangle de papier dans un sens, puis dand l'autre, plusieurs fois de suite. Coupe un bout en biais.

5. Coupe du fil et fais un gros nœud à un bout. Pose-le au milieu de l'aile et enroule du ruban adhésif au bout, comme illustré.

6. Fixe l'aile au dos de la robe avec du ruban adhésif. Enfin, fais un visage à l'ange et décore la robe de formes en papier, ou d'autocollants.

Guirlande d'étoiles brillantes

Coupe en biais, comme ceci.

Le point indique la pointe pliée en premier.

1. Pour une étoile, pose une grande tasse sur du papier et trace sa base au crayon. Découpe le cercle ainsi obtenu.

2. Plie-le en deux à quatre reprises. Ensuite, coupe en travers dans toutes les épaisseurs, pour obtenir une pointe.

3. Déplie. Marque d'un point l'une des pointes. Plie alors l'étoile en deux, de cette pointe jusqu'à la pointe opposée.

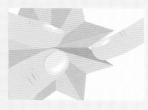

N'écrase pas trop l'étoile.

4. Marque le pli, puis ouvre l'étoile. Fais de même avec la pointe voisine, que tu rabats sur la pointe opposée. Répète avec les autres pointes.

5. Pour faire un creux entre deux pointes, pousse les pointes l'une sur l'autre en enfonçant le pli qui se trouve au milieu. Répète tout autour de l'étoile.

6. Déplie l'étoile et appuie doucement au centre pour ouvrir légèrement les pointes. Puis réalise de même d'autres étoiles.

Il faut un long fil.

7. Au pinceau, étale de la colle blanche sur toute l'étoile. Saupoudre de paillettes. Pendant que tu laisses sécher, décore les autres étoiles.

8. Retourne une étoile et mets un point de colle sur deux pointes opposées. Puis dépose un long fil dans la colle encore humide.

9. Colle d'autres étoiles le long du fil et laisse sécher la colle. Enfin, coupe le fil en trop au bout et suspends la guirlande d'étoiles.

Dromadaire à rayures

Pour réaliser un Roi mage, dessine la
forme ci-dessus sur de la carte peinte,
découpe-la, puis ajoute les details.

1. Avec des peintures orange et verte diluées, peins des lignes en travers d'un morceau de carte. Espace-les à ta guise.

2. Utilise d'autres couleurs pour peindre d'autres lignes, d'épaisseurs variées, en travers du papier.

3. Fais encore d'autres lignes avec un feutre épais ou de la peinture dorés. Puis retourne la carte et peins-la en doré.

4. Quand la peinture est sèche, plie la carte en deux, la face dorée à l'intérieur. Marque bien le pli.

Tu peux coller des sequins pour les yeux.

5. Dessine la silhouette d'un dromadaire. Son oreille et le sommet de sa bosse doivent toucher le pli.

6. Garde la carte pliée et découpe le dromadaire, en évitant la bosse et l'oreille. Ajoute les yeux.

Branchage givré

Courbe et tortille
aussi la branche.

1. Prends un large morceau de papier d'aluminium, que tu déchires en deux. Enroule un des morceaux, en serrant bien.

2. Enroule aussi l'autre morceau, en serrant bien. Ensuite, tortille ces deux morceaux pour obtenir des brindilles sinueuses.

3. Enroule un autre morceau d'aluminium un peu plus large autour des bouts des brindilles. Serre pour faire une branche.

Tu obtiens deux
feuilles identiques.

4. Répète les étapes 1 à 3 pour faire une autre branche. Joins les deux branches avec un autre morceau d'aluminium.

5. Plie en deux un bout de papier-calque ou de soie. Dessine une simple feuille et découpe-la, en gardant le papier plié.

6. Encolle une feuille, pose dessus le bout d'une brindille, puis superpose l'autre feuille pour y enfermer la brindille.

  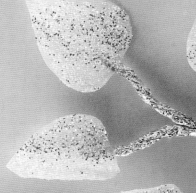

7. Découpe d'autres feuilles, deux par deux. Pui colle-les comme précédemment, pour compléter le branchage. Laisse sécher.

8. Enduis de colle blanche les deux faces de chaque feuille et saupoudre de paillettes. Une fois sec, secoue pour faire tomber les paillettes en trop.

Carte boules brillantes

 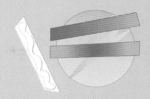

Si possible, utilise du papier brillant.

1. Pour faire une grande carte, plie en deux, dans le sens de la longueur, un rectangle de papier épais. Marque bien le pli.

2. Dessine le contour de plusieurs petits couvercles de bocaux sur du papier cadeau. Découpe les cercles ainsi obtenus.

3. Pour une boule rayée, colle plusieurs bandes de papier brillant en travers d'un des cercles. Fais-les dépasser de chaque côté.

4. Quand la colle est sèche, retourne la boule et découpe les bouts qui dépassent sur le contour du cercle.

5. Pour une boule étoilée, applique des autocollants d'étoiles sur un cercle brillant, certains dépassant un peu de chaque côté.

6. Comme pour les bandes à l'étape 4, découpe tous les bouts d'étoiles qui dépassent du bord du cercle.

7. Décore les autres cercles à ta guise, avec des bandes, des étoiles et des ronds. Utilise des formes découpées en papier, ou des autocollants.

8. Colle les boules sur la carte, en les disposant à des hauteurs différentes. Au feutre, dessine un fil, comme si les boules étaient suspendues.

Oiseaux argentés

Sers-toi de colle en bâton.

1. Coupe un grand morceau de papier d'aluminium dans un rouleau. Encolle le côté mat, puis plie en deux, comme ci-dessus.

2. Pose la feuille pliée sur un vieux magazine et frotte-la doucement pour que les couches adhèrent bien et que la surface soit lisse.

3. Avec un stylo, dessine les contours d'un oiseau. Après le corps et le bec, fais les ailes, l'œil et deux pattes. Appuie bien quand tu dessines.

4. Fais des traits qui se terminent en boucle pour la queue. Ajoute des boucles sur la tête et les ailes, et des spirales sur le ventre.

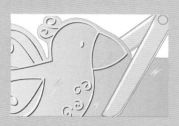

5. Avec des ciseaux, découpe l'oiseau, en laissant une marge tout autour. Avec du ruban adhésif, fixe une boucle de fil au dos et suspends. Réalise d'autres oiseaux.

141

Renne décoratif

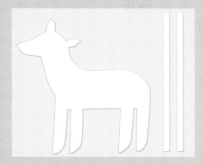

1. Dessine les contours d'un renne sur un morceau de carte, ainsi que deux longues bandes étroites pour faire la ramure. Puis découpe toutes les formes.

2. Peins avec de la peinture épaisse rouge. Avant que la peinture sèche, sers-toi d'un cure-dent pour gratter des motifs sur le renne et un trait vertical sur les bandes.

Fixe la ramure au dos de la tête.

3. Coupe l'une des bandes en deux, puis découpe l'autre bande en petits morceaux, que tu colles sur les plus grands. Avec de l'adhésif, fixe la ramure ainsi terminée sur la tête.

Carte fée des neiges

1. Plie en deux un morceau de papier bleu. Ensuite, pose une grande tasse sur du papier blanc. Dessine son contour et découpe le cercle.

2. Sur ce cercle, peins un rond d'une couleur, puis, en dessous, peins un triangle d'une autre couleur. Ce sont la tête et la robe de la fée.

3. Peins aussi quatre ailes, des cheveux et ajoute un rond jaune pour le bout de la baguette magique.

4. Quand c'est sec, avec un feutre fin noir, repasse sur les contours du menton, des ailes et de la robe. Décore celle-ci.

5. Trace les traits du visage. Ajoute bras, pieds et boucles dans les cheveux. Dessine une baguette magique terminée par une étoile.

6. Colle le cercle sur la carte bleue, puis peins une ligne blanche qui descend du haut de la carte. Complète par un nœud et des pois.

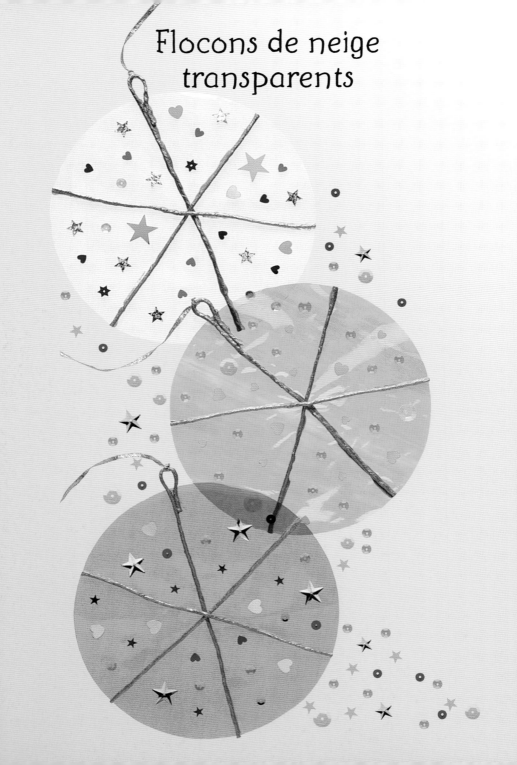

Flocons de neige
transparents

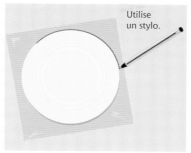

Utilise un stylo.

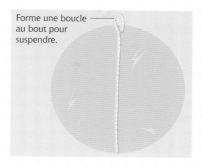

Forme une boucle au bout pour suspendre.

1. Sers-toi d'un morceau de Cellophane qui recouvre un emballage alimentaire. Pose une soucoupe dessus et dessine son contour. Découpe le cercle.

2. Coupe un bout de fil qui soit plus long que le diamètre du cercle. Enduis-le de colle blanche et applique-le sur la Cellophane, comme illustré.

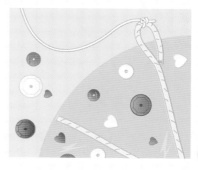

3. Découpe deux autres bouts de fil qui fassent environ le diamètre du cercle. Encolle-les et dépose-les en travers du premier fil pour obtenir un « X ».

4. Une fois sec, décore le flocon de neige en collant des sequins, ou à l'aide d'autocollants. Puis noue un fil sur la boucle pour suspendre le flocon.

Arbres en hiver

Varie l'inclinaison des arbres.

Les sapins sont de forme triangulaire.

1. Avec un feutre bleu, dessine un tronc d'arbre sur une feuille de papier. Ajoute la ramure, faite de branches et de brindilles.

2. Réalise ainsi d'autres arbres. Dessine les plus grands dans le bas du papier et les plus petits dans le haut.

3. Entre les arbres, fais des sapins avec des lignes en zigzag et un trait pour le tronc. Comble les espaces vides par des arbres violets.

4. Avec un pastel à la cire blanc, ajoute des points figurant des flocons de neige – ici en jaune pour mieux les voir.

5. Au crayon, dessine des collines au-dessus des arbres. Peins-les, ainsi qu'une ombre sous les arbres, avec du bleu dilué.

6. Une fois les collines sèches, applique de la peinture bleue plus foncée dans le ciel. Laisse sécher complètement.

7. Trempe un pinceau propre dans de l'eau et passe-le sur la ramure d'un arbre en tournant plusieurs fois. L'encre se mêle à l'eau.

8. Étale de l'eau sur tous les arbres bleus, ainsi que sur les sapins verts et les arbres violets. Rince bien ton pinceau à chaque changement de couleur.

149

Décorations en perles

1. Coupe un morceau de papier cadeau de la longueur d'une grande paille à boire et de la hauteur de ton petit doigt.

2. Encolle le dos du papier cadeau, puis pose la paille dans le bas du papier et enroule-la en serrant bien.

3. Recouvre ainsi d'autres pailles avec plusieurs sortes de papier cadeau. Pour une longue guirlande, il te faut cinq pailles.

4. Quand la colle est sèche, coupe les pailles en morceaux inégaux – longs, moyens et petits. Ce sont les perles.

5. Enfile une aiguille à bout rond avec du gros fil. Fixe l'un des bouts du fil sur le plan de travail avec du ruban adhésif.

6. Enfile toutes les perles sur le fil. Quand tu as fini, repasse l'aiguille dans la dernière perle et noue les bouts du fil.

Anges peints

1. Dilue de la peinture bleue dans de l'eau et peins des formes incurvées sur du papier épais blanc. Ce sont les robes des anges.

2. Pendant que la peinture est encore humide, prépare de la peinture bleue un peu plus épaisse. Ajoute lignes, pois ou autres motifs sur les robes.

3. Pour la peau, dilue un peu de peinture rose dans de l'eau. Fais un visage rond et ajoute des traits pour les bras et les jambes des anges, comme illustré.

4. Avec de la peinture épaisse dorée, peins deux ailes au-dessus des bras. Ajoute aussi une auréole, mais fais-la bien au-dessus de la tête.

5. Avec un pinceau fin, trace les cheveux. Fais une coiffure différente à chaque ange. Complète les visages par des joues roses.

6. Quand c'est sec, repasse sur les contours des anges avec un feutre noir. Dessine les visages et ajoute des détails, comme des nœuds et des souliers.

Souris goût coco

Pour faire environ 8 grosses souris, 5 moyennes
et 3 souriceaux, tu as besoin de :

- 250 g de sucre glace, tamisé
- 200 g de lait concentré
- 175 g de noix de coco râpée
    ou en poudre
- du colorant alimentaire rouge
- du chocolat blanc en pastilles
- des perles alimentaires
- un rouleau de réglisse

154

1. Mélange le sucre glace avec le lait concentré dans un saladier. Ajoute la noix de coco et répartis la préparation dans deux bols.

2. Ajoute quelques gouttes de colorant alimentaire rouge dans chaque bol. Mélange. Verse quelques gouttes en plus dans un des bols.

3. Trempe une cuillère à soupe propre dans de l'eau. Laisse-la s'égoutter avant de prendre une cuillerée pleine de cette préparation.

4. Tasse-la sur le dessus, puis retourne la cuillère pour déposer la forme obtenue sur un morceau de film alimentaire.

5. Pince le bout le plus fin pour faire un museau. Ajoute deux pastilles de chocolat blanc pour les oreilles et des perles pour les yeux.

6. Enfonce un bout de réglisse en guise de queue et laisse durcir la souris sur une assiette pendant que tu en prépares d'autres.

Joyeux pères Noël

1. Avec un crayon, trace un cercle pour la tête et un autre pour le corps. Ajoute deux traits arrondis pour chaque bras et chaque jambe.

2. Trempe le doigt dans de la peinture rouge épaisse et imprime un chapeau en haut de la tête. Colorie de même le corps, les bras et les jambes.

Peins les bottes sur les jambes.

3. Toujours avec un doigt, imprime une tache marron au bout de chaque bras. Ce sont les moufles. De même, fais des bottes.

4. Dilue de la peinture pour faire le visage et imprime-le au doigt, ainsi que les oreilles. Une fois sec, fais un nez plus foncé et des joues un peu plus claires.

5. Prends un peu de coton. Déchire-le pour faire les manchettes, le bord de la veste, le bas du bonnet et le pompon. Colle.

6. Déchire aussi une longue barbe en coton, ainsi que deux morceaux pour la moustache. Colle-les. Termine par les yeux avec un feutre noir.

Objets pailletés

1. Pose un gros emporte-pièce sur une tranche de pain de mie blanc. Appuie fort pour découper.

2. Avec précaution, fais sortir l'étoile en pain de l'emporte-pièce. Elle doit rester intacte.

3. Enfonce le bout d'une paille à boire dans l'une des branches de l'étoile pour faire un trou.

4. Place l'étoile en pain sur une grille en métal. Laisse-la reposer toute la nuit. Elle doit durcir.

5. Mélange un peu de peinture avec de la colle blanche et applique sur la tranche de l'étoile.

6. Peins aussi la surface de l'étoile. Quand c'est sec, retourne et peins l'autre côté.

7. Enduis la surface de l'étoile de beaucoup de colle, puis ajoute sequins et minuscules perles.

8. Passe un long fil dans le trou précédemment percé dans l'étoile et fais une boucle.

9. Introduis les bouts du fil dans la boucle, puis tire pour faire un nœud. L'étoile est prête.

Fées des glaces

1. Verse de la peinture blanche sur une assiette. Découpe un rectangle de carte épaisse. Trempe un bord dans la peinture.

2. Pour faire la jupe, pose le bord de la carte sur du papier et fais-le pivoter, en tenant le haut toujours au même endroit.

3. Pour le corps, trempe le bord d'un bout de carte plus petit dans la peinture. Pose-le au-dessus de la jupe et déplace en travers.

4. Dilue de la peinture à la couleur de la peau. Trempes-y le bout d'un autre morceau de carte et imprime les bras.

5. Prends un petit rectangle de carte et imprime un cou et deux pieds. Enduis le bout de ton doigt de peinture et fais la tête.

6. Quand c'est sec, étale un peu de peinture bleue sur l'assiette. Trempe le doigt dans la peinture et imprime les cheveux.

Le bout tenu reste collant.

7. Pour faire les ailes, saupoudre des paillettes sur un journal. Tiens un bout de ruban adhésif par un côté, pose-le dans les paillettes et soulève.

8. Fais de même avec un autre morceau de ruban adhésif. Ensuite, dans chaque ruban, coupe le coin opposé au bout collant, comme illustré.

9. Applique les bouts collants des ailes sur les épaules de la fée. Enfin, replie-les vers le haut et aplatis-les de façon que les paillettes apparaissent.

Ronde de bonshommes de neige

1. Pose deux feuilles de papier mince à côté l'une de l'autre, en juxtaposant les petits côtés. Puis joins ceux-ci avec du ruban adhésif.

2. Plie en deux, dans le sens de la largeur, le papier ainsi relié, puis rabats chaque moitié vers le pli pour obtenir une feuille en accordéon.

3. En haut du papier, dessine un chapeau, puis une tête de bonhomme de neige en dessous et une bande, sur toute la largeur, pour les bras.

4. Dessous, ajoute un gros ventre rond. Fais aussi de grosses jambes terminées par des pieds. Voici ton bonhomme de neige.

5. Repasse sur les contours du bonhomme avec un feutre noir. Découpe-le, mais ne coupe pas le bout des bras.

6. Ouvre la guirlande. Enfin, colorie les chapeaux et ajoute des visages. Décore chaque bonhomme de neige à ta guise.

Flocons de neige en papier

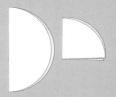

1. Pose une grande tasse sur un morceau de papier blanc et dessine son contour d'un trait léger avec un crayon à papier.

2. Avec des ciseaux, découpe le cercle obtenu. Plie-le en deux à deux reprises. Tu obtiens la forme de droite.

3. Découpe des triangles de toutes les tailles sur chaque côté, et coupe le bout pointu.

4. Déplie la forme : tu obtiens un flocon de neige. Colle des sequins et des paillettes.

5. Ensuite, pose la tasse sur un morceau de papier de soie et dessine son contour. Découpe le cercle obtenu.

6. Mets des points de colle blanche au dos du flocon de neige et colle dessus le cercle de papier de soie.

Manchots en famille

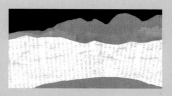

1. Avec un gros pinceau, applique de la peinture grise sur les feuilles d'un vieux journal. Laisse sécher.

2. Découpe des formes pour faire la mer, la banquise et la montagne. Colle-les sur un grand morceau de papier noir.

3. Pour un manchot, découpe un corps dans du papier. Puis découpe une autre forme pour faire la tête et le ventre.

4. Colle-le sur le décor. Ensuite, avec un feutre noir, dessine son bec, ses yeux et ses deux ailerons.

5. Pour un bébé manchot, découpe un corps dans du papier, puis une tête, et une autre forme à coller dessus.

6. Colle la tête sur le corps, et le bébé manchot sur la banquise. Ajoute un œil, un bec et un aileron.

Étoile de Noël

1. Applique de la peinture violette plus ou moins foncée sur du papier épais. Quand c'est sec, peins l'envers du papier.

2. Encolle une face, puis saupoudre d'un peu de paillettes. Quand la colle est sèche, fais de même sur l'autre face.

3. Pose une soucoupe d'environ 15 cm de diamètre sur le papier. Dessine son contour, puis fais un point au centre.

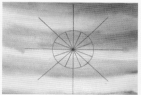

4. Fais passer quatre lignes par ce point. Elles doivent être toutes de la même longueur en dehors du cercle.

5. Entre chaque ligne, trace des traits plus courts qui partent du centre et s'arrêtent au bord du cercle.

6. Dessine les branches de l'étoile en reliant le bout de chaque trait court au sommet d'une longue ligne. Découpe l'étoile.

Accroche l'étoile au sapin avec le cure-pipe.

7. Demande à un adulte d'entailler au cutter les longues lignes de l'étoile, sans toutefois les couper complètement.

8. Pour fabriquer une étoile en 3D, pince les longues lignes vers l'avant et enfonce les traits courts. Marque bien les plis.

9. Colle un cure-pipe sur l'une des branches de l'étoile et enroule-le autour d'un crayon. Écarte un peu les spires.

169

Friandises en pâte d'amande

Mélange avec les doigts.

1. Divise en quatre un gros morceau de pâte d'amande blanche. Puis place chaque quartier dans un bol.

2. Ajoute quelques gouttes de colorant alimentaire rouge dans un bol, puis mélange jusqu'à ce que la pâte d'amande soit rouge.

3. Ajoute du colorant vert dans un bol et du jaune dans un autre. Ne verse pas de colorant dans le dernier bol.

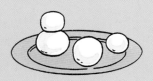

Place le bonnet sur la tête.

Perce la bouche et les yeux avec un cure-dent.

4. Avec la pâte d'amande blanche, fais une grosse boule et une plus petite. Superpose-les pour avoir une tête sur un corps.

5. Roule une petite boule de pâte d'amande rouge pour faire le bonnet. Aplatis-la et ajoute un pompon rouge.

6. Fais un boudin dans la pâte d'amande rouge. Enroule-le autour du cou du bonhomme de neige, en guise d'écharpe.

7. Pour faire un cadeau, roule une boule de pâte d'amande rouge et appuie dessus avec le plat d'un couteau.

8. Tourne la boule sur le côté et appuie de nouveau avec le couteau. Recommence, jusqu'à obtenir un cube.

9. Roule des boudins de pâte d'amande verte et ajoute-les sur le cube. Agrémente d'un nœud, comme ci-dessus.

*Attention, cette recette ne convient pas aux personnes allergiques aux amandes.

Guirlande étincelante

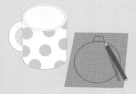  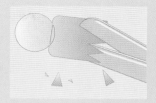

1. Pour une décoration ronde, dessine le contour d'une tasse posée sur du papier coloré. Ajoute une forme pour la suspendre.

2. Découpe la boule. Découpe aussi une bande de papier et colle-la en travers. Ajoute étoiles en papier ou autocollants.

3. Dans du papier brillant, trace un rectangle surmonté d'un cercle. Découpe. Avec des ciseaux, fais des crans dans le bas. C'est l'attache.

  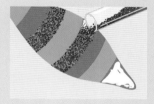

4. Plie le papier par le milieu et découpe un trou dans le cercle. Puis colle l'attache en haut de la boule.

5. Dessine une forme mince allongée. Découpe trois bandes arrondies et colle-les comme ici. Fais une attache et colle-la.

6. Étale des bandes de colle en travers et saupoudre de paillettes. Une fois sec, fais tomber les paillettes en trop.

Ainsi fixée à la ficelle, la décoration ne glisse pas.

7. Avec un perforateur, perce un trou en haut d'un sapin découpé dans du papier vert. Colle un rectangle de papier en guise de pot.

8. Décore le sapin avec des formes en papier, des autocollants et des sequins. Tu peux ajouter des points de colle pailletée ou coller des paillettes.

9. Pour finir, fais passer du ruban ou de la ficelle dans le trou de chaque décoration et maintiens celle-ci par un petit bout de ruban adhésif.

Reine des glaces

Les manches se terminent en volutes.

1. Dessine une tête en forme de cœur, avec les traits du visage, et des oreilles. Ajoute une couronne au-dessus de la tête et des cheveux onduleux.

2. Trace un cou et un col arrondi. Dessine les bras avec des mains aux doigts tendus, puis des manches et une cape qui tourbillonne derrière elle.

Les traits sont en jaune pour que tu les voies.

3. Dessine un corps élancé et une jupe flottante qui se termine par des volutes. Repasse sur tous les traits au crayon de couleur bleue.

4. Avec un pastel à la cire blanc, ajoute des traits dans les cheveux et sur la cape, ainsi que des volutes sur la robe et même qui sortent des doigts.

5. Avec un pinceau propre imbibé d'eau, humidifie toute la surface de papier. Puis fais des taches à l'encre turquoise ou applique de la peinture délavée autour de la reine.

6. Enfin, pendant que le papier est encore humide, applique de la peinture très délavée ou de l'encre sur le corps. Peins des points et des tourbillons plus foncés. Laisse sécher.

175

Baguette magique étoilée

Les marques se trouvent au sommet.

Les entailles sont de la même longueur.

1. Dessine une étoile sur un morceau de carte et découpe-la. Ensuite, pose-la de nouveau sur la carte et trace son contour.

2. Fais une marque en haut de la première étoile. Enlève-la de la carte et marque le sommet de la seconde étoile, que tu découpes.

3. Pose les étoiles, les marques en haut, et fais une entaille dans chacune, comme ici. Les entailles sont de la même épaisseur que le carton.

Écrase le bout de la paille.

4. Découpe un rectangle dans un rouleau de papier d'aluminium. Il doit être un peu plus long et beaucoup plus large qu'une paille à boire.

5. Pose ensuite le papier d'aluminium sur un vieux journal et encolle sa face mate. Place la paille dessus, près du bord, comme indiqué.

6. Enroule la paille de façon que l'aluminium adhère parfaitement. Ensuite, scotche la paille sur l'étoile dont l'entaille se trouve en haut.

Maintiens la paille en place.

Sers-toi de colle blanche.

7. Présente les deux étoiles de façon que les entailles soient face à face, comme sur l'illustration, afin de les glisser l'une dans l'autre.

8. Déchire plusieurs bandes de papier de soie. Colle-les sur les étoiles de façon à les recouvrir. N'hésite pas à superposer deux ou trois couches.

9. Encolle les étoiles et saupoudre-les de paillettes. Colle aussi des perles et des sequins, ou des formes découpées dans du papier brillant.

Animaux nocturnes

Tire sur la peinture pour épaissir les traits.

1. Trempe le bord d'un morceau de carton dans de la peinture épaisse blanche, puis imprime un tronc et des branches sur du papier bleu.

2. Trempe un doigt dans la peinture et imprime le corps d'un hibou. Avec le bout d'un pinceau, fais des yeux jaunes, et un bec et des plumes noirs.

3. Pour une chauve-souris, imprime au doigt un corps noir. Peins des ailes. Laisse sécher et trace des traits sur les ailes avec une craie blanche.

4. Trempe le bout du pinceau dans du jaune et peins les yeux. Avec un feutre, fais des points dans les yeux et ajoute des pattes et des oreilles.

Imprime en faisant pivoter le carton.

Repasse aussi sur le contour de la queue.

5. Trempe le bord d'un bout de carton dans de la peinture orange et imprime une forme triangulaire. C'est la tête d'un renard.

6. Avec le doigt, imprime un corps et une queue. Sers-toi du carton pour les pattes et, une fois sec, dessine les oreilles, les yeux et le nez.

Patineurs sur glace

Fais l'oreille à cet endroit.

1. Dans de vieux magazines, déchire plusieurs images de vêtements. Avec un crayon, dessine dessus un chandail et un bonnet. Découpe-les.

2. Colle le chandail sur un grand morceau de papier blanc. Avec un feutre bleu, dessine une tête ovale au-dessus. Ajoute les yeux.

3. Fais une bouche et des cheveux. Colorie-les. Dessine et colorie une jupe. Fais des moufles au bout des manches avec un feutre plus clair.

4. Dessine deux jambes arrondies avec des pieds et colorie-les. Ensuite, ajoute deux traits courts et une lame recourbée pour chaque patin.

5. Colle le bonnet sur la tête et dessine de la même façon d'autres patineurs. Inspire-toi de la scène représentée sur la page de gauche.

6. Enfin, dessine des traces sur la glace, une barrière autour des patineurs pour délimiter la patinoire, et des arbres dans le fond.

181

Sapin en découpage

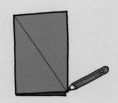

1. Dans du papier de couleur vert vif ou de la carte fine, découpe un carré. Plie-le en deux et marque le pli.

2. Avec un crayon et une règle, trace sur le papier une diagonale qui va du haut du pli jusqu'au coin opposé.

3. Garde le papier plié et coupe le long de la diagonale pour obtenir un triangle. Ne déplie pas encore le papier.

4. Vers le haut du pli, découpe un triangle, puis découpes-en un autre de l'autre côté.

5. Découpe un autre triangle à partir du pli et un autre de l'autre côté. Continue jusqu'en bas du triangle.

6. Déplie avec soin le sapin. Aplatis-le et décore-le avec des formes découpées en papier brillant ou des autocollants.

Carte avec étoiles

Quand c'est sec, secoue.

1. Dessine trois étoiles sur un morceau de papier de couleur vive. Découpe-les.

2. Mets un point de colle sur chaque étoile et saupoudre de paillettes.

Encolle dessous.

3. Découpe trois bandes dans du papier fin. Colle une bande au dos de chaque étoile.

4. Plie en deux un morceau de papier épais et colles-y les étoiles, comme illustré.

5. Quand la colle est sèche, fais tenir la carte debout. Les étoiles vont retomber.

Motifs flocons de neige

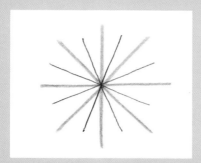

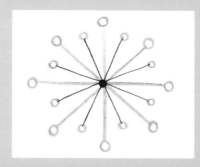

1. Avec un crayon de couleur bleu clair, trace quatre lignes qui se croisent en leur milieu. Au stylo à bille bleu, fais quatre autres lignes.

2. Au stylo, dessine un cercle à leur intersection et colorie-le. Termine chaque ligne par un rond, dessiné au crayon bleu.

3. Avec le stylo, trace des petites feuilles le long des lignes au crayon. C'est plus facile si tu fais pivoter le papier à mesure que tu dessines.

Cookies de Noël

Pour faire environ 65 cookies, tu as besoin de :

- 50 g de beurre mou
- 25 g de sucre glace
- 8 gouttes de colorant alimentaire rouge
- 1 cuillerée à café de lait
- ¼ de cuillerée à café d'extrait de vanille
- 75 g de tasse de farine
- des emporte-pièce en forme de cœur et de petite étoile

Avant de commencer, graisse deux plaques à pâtisserie avec de l'huile. Préchauffe le four à 180°C, thermostat 6.

1. Verse le beurre dans un saladier et tourne jusqu'à ce qu'il devienne crémeux. Tamise le sucre au-dessus et mélange bien.

2. Ajoute le colorant alimentaire et tourne pour que la préparation devienne rose. Ajoute le lait et l'extrait de vanille.

3. Tamise la farine dans le saladier et mélange bien. Avec les mains, malaxe jusqu'à obtenir une boule de pâte.

Découpe des formes rapprochées.

4. Farine un rouleau à pâtisserie et le plan de travail. Étale la pâte : elle doit être à peine plus épaisse que le petit doigt.

5. Avec les emporte-pièce, découpe des formes dans la pâte. Soulève-les avec une spatule et dépose-les sur les plaques à pâtisserie.

6. Fais une boule avec les restes de pâte. Étale de nouveau la pâte et découpe d'autres formes. Ajoute-les aux autres.

Enfile des gants.

7. En te servant d'un cure-dent, trace des motifs sur certains cookies. Ce n'est pas grave si tu les perces.

8. Enfourne les cookies 6 à 8 minutes, puis sors-les du four et laisse-les refroidir sur les plaques.

Ange imprimé à la main

La robe de l'ange est ici à l'envers.

1. Pour faire la robe, trempe la main dans de la peinture bleue et appuie-la au milieu d'une feuille de papier.

2. Trempe les deux mains dans de la peinture jaune et imprime-les un peu en dessous pour faire les ailes.

3. Retourne le papier. Trempe un doigt dans de la peinture rose et fais la tête en tournant plusieurs fois.

4. Avec le bout d'un doigt, imprime deux bras bleus qui partent de la robe. Ajoute aussi les mains roses.

5. Avec de la peinture orange, imprime au doigt des cheveux. Puis ajoute une auréole jaune au-dessus de la tête.

6. Avec le doigt, imprime les yeux et le nez. Puis utilise le petit doigt pour peindre une bouche qui sourit.

Colline enneigée

1. Sur du papier bleu foncé, dessine une colline arrondie et peins-la en blanc. Au crayon blanc ou à la craie, dessine des étoiles dans le ciel.

2. Pour faire une maison, dessine un carré au feutre rose foncé sur un morceau de papier rose ou violet. Ajoute un toit pointu et une cheminée.

3. Dessine des fenêtres et une porte sur la maison. Ajoute ensuite des lignes croisées dans chaque fenêtre et une poignée sur la porte.

4. Pour les tuiles du toit, au feutre, fais des rangées de U. Colorie-les au crayon blanc, sans déborder sur les traits au feutre.

5. Colorie la façade et la cheminée avec un crayon de couleur mauve. Fais les fenêtres en orange et en bleu, et la porte en rouge.

6. Avec un feutre rose foncé, dessine un grand triangle et ajoute un petit tronc en bas. C'est le sapin de Noël.

7. Ajoute trois lignes en zigzag en travers pour faire les branches du sapin. N'oublie pas l'étoile au sommet. Colorie-la en orange.

8. Avec un crayon blanc, colorie le haut de l'arbre. Utilise plusieurs tons de bleu et de vert pour les branches inférieures.

9. Dessine d'autres maisons et sapins de la même façon. Découpe-les et dispose-les sur la colline enneigée, avant de les coller.

193

Papier cadeau à étoiles

1. Tu as besoin d'un gros emporte-pièce et d'une pomme de terre encore plus grosse que celui-ci.

2. Coupe une tranche au milieu de la pomme de terre. Enfonce l'emporte-pièce dans la tranche.

3. Fais sortir la forme que tu as ainsi découpée. S'il le faut, fais-toi aider pour ces deux étapes.

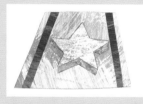  

4. Essuie les deux faces de l'étoile obtenue sur de l'essuie-tout : il faut qu'elle soit bien sèche.

5. Enfonce une fourchette dans l'étoile. Cela t'évitera de te salir quand tu feras tes impressions.

6. Dépose deux ou trois taches de peinture sur un vieux journal. Elles doivent se toucher.

7. Applique l'étoile sur les taches, au milieu, et appuie-la sur une feuille de papier cadeau.

8. Trempe de nouveau l'étoile dans la peinture et imprime-la. Remplis le papier d'étoiles.

Tu peux envelopper un cadeau dans le papier et ajouter un nœud en bolduc brillant.

195

Sapin de Noël scintillant

Appuie fort en dessinant.

Les traits au pastel blanc sont en jaune pour que tu les voies.

1. Sur un morceau de papier blanc, avec un pastel à la cire vert clair, trace une ligne pour le sol. Dessine un sapin dans un pot, et une étoile.

2. Dessine des cadeaux sous le sapin. Puis, avec un pastel à la cire blanc, dessine des étoiles autour du sapin, ainsi que des points dessus.

3. Dilue de la peinture jaune avec beaucoup d'eau et peins la surface du papier. Les traits au pastel apparaissent sous la peinture. Laisse sécher.

Peins aussi des cadeaux en orange.

Sers-toi d'un feutre pour rubans et nœuds.

4. Applique de la peinture diluée rose sur le sapin, des cadeaux et le sol. Avant qu'elle sèche, fais des ronds jaunes et orange sur l'arbre. Peins aussi l'étoile.

5. Une fois sec, avec de la peinture épaisse blanche ou du liquide correcteur, dessine de grosses boules ainsi que des cannes de sucre d'orge.

6. Dessine des cœurs au crayon rouge. Ajoute des rubans et des nœuds sur certaines décorations. Fais des rayures sur les cannes de sucre d'orge.

7. Enduis les grosses boules de colle blanche et saupoudre de paillettes. Mets des points de colle sur l'étoile et saupoudre-la aussi de paillettes.

8. Repasse sur les contours des décorations brillantes au crayon de couleur rose vif. Ajoute un crochet pour les suspendre et colorie-le au crayon rose clair.

9. Enfin, pour que ton sapin scintille, dépose des points de colle et applique sur chacun une perle ou bien un sequin brillant.

Chalets peints

Dessine en appuyant légèrement.

1. Sur du papier épais, dessine un chalet avec quelques marches. Dans le fond, ajoute des collines pointues et des montagnes arrondies.

2. Dilue de la peinture dans des tons bleu ciel et peins le ciel et les collines. Laisse sécher. Repasse de la peinture sur le ciel pour le foncer.

3. Peins le chalet avec des peintures de différentes couleurs vives. Laisse bien sécher entre chaque couleur.

4. Avec un pinceau fin, ajoute les détails, tels que volets et balcon. Quand c'est sec, avec des crayons de couleur, ajoute d'autres détails.

Carte sapin de Noël

Réserve cette moitié.

1. Découpe un grand rectangle dans du papier épais ou de la carte. Plie-le en deux, dans le sens de la longueur.

2. Fais-toi aider pour couper une pomme de terre en deux, dans la longueur, et pour couper un grand triangle dans l'une des moitiés.

Étale la peinture avec le dos d'une cuillère.

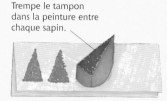

Trempe le tampon dans la peinture entre chaque sapin.

3. Dépose de l'essuie-tout sur de vieux journaux et verse un peu de peinture verte dessus.

4. Trempe le triangle dans la peinture et appuie-le sur la carte ou le papier. Imprime ainsi une rangée de sapins.

5. Dans l'autre moitié de pomme de terre, découpe un carré. Trempe-le dans de la peinture rouge et imprime un pot sous chaque sapin.

Tu peux orner le sommet avec des étoiles en autocollants.

201

Décorations de sapin

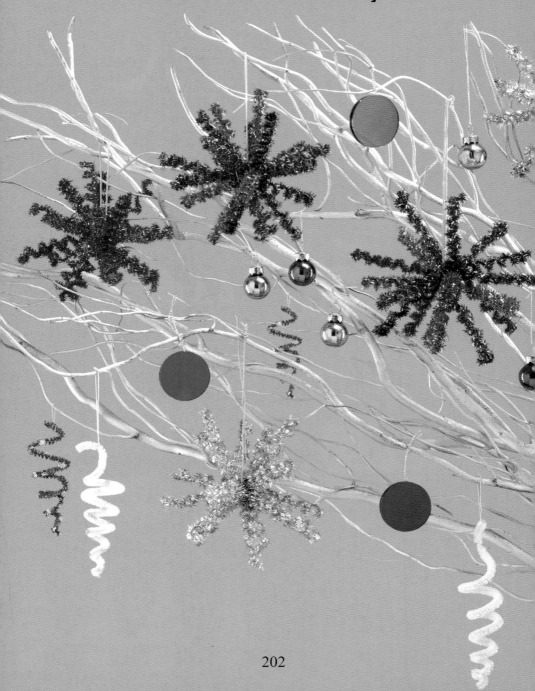

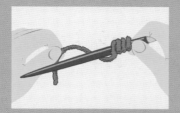

1. Tiens le bout d'un cure-pipe contre le manche d'un pinceau fin et enroule-le sur le pinceau en serrant fort.

2. Une fois tout le cure-pipe enroulé sur le manche, fais-le glisser du pinceau, tiens ses deux bouts et étire-le un peu.

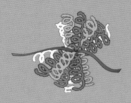

3. Prépare ainsi neuf autres cure-pipe bouclés. Rassemble les dix cure-pipe avec du fil et noue-les en leur milieu.

4. Puis courbe-les tous dans des sens différents et noue le bout du fil en boucle pour suspendre ta décoration.

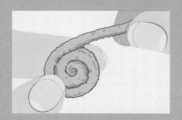

5. Pour réaliser une décoration semblable à une stalactite, enroule un cure-pipe sur lui-même, en serrant bien pour obtenir la forme d'un escargot.

6. Tiens-le à plat et, avec un doigt, pousse sur le centre pour le faire sortir et l'étirer. Attache un bout de fil et suspends la décoration.

Index

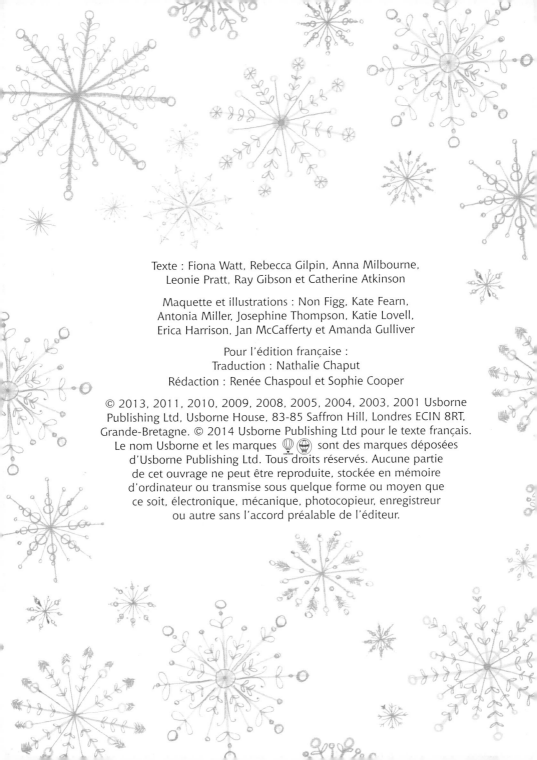

Texte : Fiona Watt, Rebecca Gilpin, Anna Milbourne,
Leonie Pratt, Ray Gibson et Catherine Atkinson

Maquette et illustrations : Non Figg, Kate Fearn,
Antonia Miller, Josephine Thompson, Katie Lovell,
Erica Harrison, Jan McCafferty et Amanda Gulliver

Pour l'édition française :
Traduction : Nathalie Chaput
Rédaction : Renée Chaspoul et Sophie Cooper